# Auto
# DISCIPLINA

Desenvolva A Auto-disciplina E A Força De Vontade Para Alcançar Seus Objetivos E Autocontrole

(Aumente A Sua Produtividade, Desenvolva Uma Mentalidade De Resistência Mental)

**Caio Castro**

Traduzido por Daniel Heath

## Caio Castro

*Auto disciplina: Desenvolva A Auto-disciplina E A Força De Vontade Para Alcançar Seus Objetivos E Autocontrole (Aumente A Sua Produtividade, Desenvolva Uma Mentalidade De Resistência Mental)*

ISBN

## Termos e Condições

De modo nenhum é permitido reproduzir, duplicar ou até mesmo transmitir qualquer parte deste documento em meios eletrônicos ou impressos. A gravação desta publicação é estritamente proibida e qualquer armazenamento deste documento não é permitido, a menos que haja permissão por escrito do editor. Todos os direitos são reservados.

As informações fornecidas neste documento são declaradas verdadeiras e consistentes, na medida em que qualquer responsabilidade, em termos de desatenção ou de outra forma, por qualquer uso ou abuso de quaisquer políticas, processos ou instruções contidas, é de responsabilidade exclusiva e pessoal do leitor destinatário. Sob nenhuma circunstância qualquer, responsabilidade legal ou culpa será imposta ao editor por qualquer reparação, dano ou perda monetária devida às informações aqui contidas, direta ou indiretamente. Os respectivos autores são proprietários de todos os direitos autorais não detidos pelo editor.

**Aviso Legal:**

Este livro é protegido por direitos autorais. Ele é designado exclusivamente para uso pessoal. Você não pode alterar, distribuir, vender, usar, citar ou parafrasear qualquer parte ou o conteúdo deste ebook sem o consentimento do autor ou proprietário dos direitos autorais. Ações legais poderão ser tomadas caso isso seja violado.

**Termos de Responsabilidade:**

Observe também que as informações contidas neste documento são apenas para fins educacionais e de entretenimento. Todo esforço foi feito para fornecer informações completas precisas, atualizadas e confiáveis. Nenhuma garantia de qualquer tipo é expressa ou mesmo implícita. Os leitores reconhecem que o autor não está envolvido na prestação de aconselhamento jurídico, financeiro, médico ou profissional.

Ao ler este documento, o leitor concorda que sob nenhuma circunstância somos responsáveis por quaisquer perdas, diretas ou indiretas, que venham a ocorrer como resultado do uso de informações contidas neste documento, incluindo, mas não limitado a, erros, omissões, ou imprecisões.

# Índice

Parte 1 ................................................................... 1

Introdução ............................................................. 2

1º Passo: Desenvolver Um Profundo Senso De Autoconsciência Para A Autodisciplina ................. 5

2º Passo: Ser O Seu Verdadeiro Eu ....................... 8

3º Passo: Definir Objetivos Para Maximizar As Suas Capacidades ......................................................... 10

4º Passo: Ser Sincero Consigo Próprio ............... 17

5º Passo: Encontrar A Sua Motivação ................ 20

6º Passo: Desenvolver A Sua Força De Vontade ............. 25

1) NÃO ESFORCE DEMASIADAMENTE A SUA FORÇA DE VONTADE. ... 26
2) USE A SUA IMAGINAÇÃO. ....................................... 27
3) CRIE BONS HÁBITOS PARA SI. ................................. 28
5) MANTENHA-SE LONGE DE TENTAÇÕES ...................... 28

7º Passo: Quebrar Hábitos Antigos ..................... 29

8º Passo: Cultivar Novos Hábitos ........................ 31

9º Passo: Registe O Seu Progresso ..................... 35

Desafio De 10 Dias .............................................. 39

Recompensas Por Ser Autodisciplinado ............ 39

Plano Inicial De Dez Dias Para Autodisciplina ... 43

Conclusão: Desfrute Da Sua Nova Autodisciplina ............. 48

Parte 2 ................................................................. 50

Introdução ........................................................... 51

Capítulo 1: Visão E Propósito ............................................. 52

ESTABELEÇA METAS PARA COMPLETAR SUA VISÃO ....................... 61

Anual .................................................................................... 63

Mensal .................................................................................. 63

SEMANAL/DIARIAMENTE ........................................................... 64
AVISUALIZAÇÃO PARA ALCANÇAR SEUS OBJETIVOS ....................... 66

Capítulo 2: Como Vencer A Procrastinação E Os Vícios ..... 70

EVITE A LISTA DE AFAZERES ...................................................... 70
DESENVOLVENDO HÁBITOS ....................................................... 70
SEJA PROATIVO CONTINUAMENTE ............................................. 71
ORGANIZE-SE ......................................................................... 72
RECONHEÇA AS IMPERFEIÇÕES .................................................. 73
DESENVOLVA UM PLANEJAMENTO A LONGO PRAZO ..................... 74
PRESENTEIE-SE ....................................................................... 74
PARE DE FAZER MULTITAREFAS ................................................. 75
PROTEJA-SE PARA NÃO SE SENTIR SOBRECARREGADO ................... 75
NÃO DESISTA ATÉ QUE TERMINE ............................................... 76
TENHA CORAGEM DE DIZER NÃO .............................................. 77
ELIMINE OS DRAMAS. .............................................................. 78
MUDE SEU RACIOCÍNIO SOBRE FALHAS ...................................... 79
CONCENTRE-SE NOS SEUS "PORQUÊS." ...................................... 80

Capítulo 3: Como Desenvolver O Hábito Da Autodisciplina 83

FAZENDO CRONOGRAMAS E SE EDUCANDO ................................ 84
ALIMENTAR-SE DE FORMA CONSISTENTE E SAUDÁVEL .................. 85
APRENDA A CONTROLAR HÁBITOS SIMPLES ................................. 85
TREINE PARA SUPORTAR O DESCONFORTO EMOCIONAL ................ 86
LIVRE-SEESTRATEGICAMENTE DE TENTAÇÕES E DISTRAÇÕES .......... 88
RECONHEÇA E ACEITE SEUS DEFEITOS ........................................ 89
PERDOE-SE, RECOBRE-SE E SIGA ADIANTE COM SUCESSO A PARTIR
DOS ERROS. ........................................................................... 90
COMEMORE PEQUENAS CONQUISTAS ........................................ 90
UM EXEMPLO DE DESENVOLVIMENTO DE AUTODISCIPLINA ............ 90

Capítulo 4: Técnicas De Autocontrole Em Situações Difíceis
.................................................................................. 98

Assuma Total Responsabilidade Por Tudo ............................ 99
Faça Exercícios Curtos....................................................... 100
Trabalhe Com O Inconsciente ............................................ 100
Deixe-Se Ser Atraído Em Vez De Empurrado ...................... 102
Programe As Tarefas Difíceis Para A Manhã. ..................... 103
Nunca Deixe A "Força De Vontade" Ser Uma Desculpa........ 104
Desenvolva Um Ritual Matinal.......................................... 104
Carregue-Se De Energia E Força De Vontade ..................... 105
Livre-Se De Vampiros De Energia E Dispersões.................... 105
Jogue Fora As Bombas Antes Que Explodam. ..................... 106
Perceba Que Autocontrole Pode Ser Intensificado............. 107
Defina O Que Está Tentando Controlar............................. 108
Troque O Foco Do Controle. ............................................. 108
Pense No Conceito ............................................................ 109
Fique Atento Ao Ego Baixo ............................................... 109
Comprometa-Se Previamente ............................................ 110
Use Seu Coração ............................................................... 111
Mude Suas Expectativas.................................................... 112
Use Recompensas ............................................................. 113
Mude A Estima.................................................................. 113
Autoafirmação.................................................................. 114
Use A Pressão Dos Pares /Responsabilidades A Seu Favor ... 115
Nunca Se Permita Pensar Em Desistir. .............................. 117
Você Irá Morrer. ................................................................ 117

Conclusão ........................................................................ 120

**Parte 1**

## Introdução

O que é autodisciplina?

A autodisciplina é aquilo que é necessário para alcançar os seus sonhos. É vital para viver uma vida de sucesso E consiste na arte de obrigar-se a si próprio a ir mais além, sem medos e sem preguiça. A autodisciplina é aquilo que é necessário para sair da cama de manhã. Uma boa autodisciplina é aquilo que é necessário para alcançar os seus pequenos objetivos, tal como terminar uma tarefa ou projeto de trabalho. Uma autodisciplina significativa é aquilo que é necessário para alcançar os seus sonhos e os seus grandes objetivos, sejam eles tornar-se no próximo Guerreiro Ninja Norte-americano ou correr uma maratona. A autodisciplina é vital e aprimorar esta capacidade poderá melhorar incomparavelmente a sua vida.

A autodisciplina é importante e benéfica

Você necessita de autodisciplina até para as coisas mais pequenas da vida. Trata-se de uma das capacidades mais importantes e úteis que terá na vida; de facto, depois de ler este livro, vai descobrir que a autodisciplina é uma capacidade importante que todos deveriam ter. Aqueles que a possuem são os que são mais bem sucedidos. Esta capacidade é essencial e importante em todos os aspetos da vida. Muitas pessoas consideram-na importante, mas não são muitas as que dão passos no sentido de a fortalecerem.

Embora muitas destas pessoas encarem a autodisciplina como ser-se duro e rigoroso consigo próprio, não é exatamente disso que se trata. A autodisciplina não tem apenas a ver com viver uma vida limitada e restringida. Nem significa que tem de negar constantemente a sua própria vontade e ou deixar de ser feliz. Pelo contrário, autodisciplina significa autocontrolo, que é um sinal de força interior e da capacidade de se controlar a si mesmo, às suas ações e às suas reações. A autodisciplina é importante para alcançar os seus objetivos e tornar-se no melhor que pode ser. Tê-la dá-lhe a capacidade de perseverar nas suas decisões e planos até os alcançar. Se trabalhar arduamente, a autodisciplina manifestar-se-á como força interior, o que o ajudará a ultrapassar vícios, preguiça e procrastinação. A autodisciplina equivale a finalização.

A autodisciplina ajuda-o a:

- Evitar agir impetuosamente.
- Evitar impulsos.
- Manter as promessas que faz a si próprio e aos outros.
- Combater a procrastinação e a preguiça.
- Continuar a trabalhar mesmo quando a motivação e o entusiasmo se desvanecem.
- Fazer aquelas coisas, como exercitar-se e acordar cedo, que você sabe que lhe fazem bem.
- Ultrapassar maus hábitos.
- Manter-se calmo, relaxado e feliz.

Pode sempre começar por fazer algumas poucas coisas que ajudem a fortalecer a sua determinação e autodisciplina:

- Focar-se em entender o quão importante a autodisciplina é para a sua vida.
- Estar ciente das suas próprias ações e comportamentos. Esteja ciente do que faz quando estas ações e comportamentos se desviam da disciplina.
- Fazer um esforço concertado para se comportar de acordo com as decisões que toma e objetivos que define.

## 1º Passo: Desenvolver um profundo senso de Autoconsciência para a Autodisciplina

Desenvolver a autoconsciência tem a ver com saber exatamente o que está dentro de si. Tem a ver com tornar-se sensível a si mesmo, às suas inquietações, às suas reações e às suas capacidades. O conhecimento consciente de si próprio e estes itens podem evitar que os instintos animais capturem a sua mente e o impeçam de manter a sua própria disciplina. A autoconsciência pode travar o andamento de um processo irrefletido e trazer o senso comum de volta ao controlo. Uma autoconsciência fortemente desenvolvida é importante quando se considera e se foca na autodisciplina. O desenvolvimento da autoconsciência exige a gestão quer da sua atenção quer dos seus pontos fortes. Foque-se em tornar-se ciente dos seus próprios padrões e estímulos.

A Lei da Consciência estipula, "Você deve conhecer-se a si próprio para crescer". É importante que você saiba quem você é por dentro de modo a crescer em termos de autodisciplina. A autodisciplina está relacionada com o controlo de impulsos. Estar ciente de si próprio tem a ver com estar ciente dos seus próprios impulsos que necessita de controlar. Os animais são totalmente guiados pelos instintos, mas como humanos, nós temos uma escolha e não temos de os seguir. No entanto, para ser capaz de controlar estes instintos e a nós mesmos, temos de estar completamente cientes dos nossos impulsos.

Estar ciente de si próprio tem a ver com considerar as consequências dos seus instintos. Você não está limitado aos seus impulsos. Eis algumas coisas que pode fazer para trabalhar na sua própria autoconsciência:

   **- Ter um diário**
   **- Ler**
- Tirar apontamentos
- Descobrir os seus instintos
- Aprender quais são os seus estímulos
- Falar com a família e com os amigos acerca dos seus objetivos
- Focar-se em si próprio
- Pensar nas suas ações antes de as tomar
- Pensar nas consequências das ações e objetivos potenciais
- Manter a mente aberta
- Estar ciente das suas forças e fraquezas
- Definir limites para si mesmo

## 2º Passo: Ser o seu verdadeiro eu

Já dispensou algum tempo ao seu autoconhecimento, mas agora é necessário focar-se em ser você mesmo. A autodisciplina não tem qualquer significado se você não puder ser aquilo que está destinado a ser. Descubra quais são as suas paixões, pontos fortes, valores e desejos. Acredite em si mesmo enquanto pessoa. Não é possível desenvolver qualquer tipo de senso forte de autodisciplina se não possuir um senso de si enquanto pessoa. Os seus objetivos e desejos de autodisciplina devem alinhar-se com a pessoa que você ou com os seus valores e instintos para que consiga manter-se disciplinadamente na prossecução destes.

Assim que comece a busca por si mesmo, descobrirá que ganhar um senso de si enquanto pessoa é o melhor conhecimento que alguma vez adquirirá. A sua capacidade de concretizar a sua paixão interna única determinará a sua capacidade de realizar o seu próprio potencial. Quando o fizer, poderá determinar a sua qualidade e propósito de vida. E fazê-lo é fácil. Aqui pode facilmente fomentar autodisciplina. Eis as perguntas que pode fazer a si mesmo para determinar os seus desejos e o seu verdadeiro eu. É desta forma, e com estas perguntas, que poderá começar a fomentar a sua própria autodisciplina.

1. O que é que eu amo absolutamente?

2. O que é que considero serem as minhas maiores conquistas de vida?

3. Qual seria o meu propósito se eu soubesse que ninguém me iria julgar?

4. Se não houvessem limites ao que eu pudesse ter ou querer na minha vida, o que seria isso?

5. Se eu tivesse todo o dinheiro do mundo, o que faria?

6. Quem é que eu mais admiro? Porque é que eu admiro esta pessoa?

Demore o tempo que necessitar para responder a estas perguntas à medida que trabalha para desenvolver a sua autodisciplina. Quando optar por implementar as suas paixões, pontos fortes, valores, desejos e motivações nos seus padrões diários, a sua vida tornar-se-á mais doce e a busca pela autodisciplina ficará facilitada. A questão de se saber como é que alguém se transforma no seu verdadeiro eu e de como é que se vive de forma mais autêntica é pertinente em todos os aspetos das nossas vidas.

Que tipo de pessoa é você?

### 3º Passo: Definir objetivos para maximizar as suas capacidades

Ter objetivos para aquilo que se quer fazer e trabalhar em função disso é uma parte importante de se ser humano. Ter fortes objetivos é vital para ter uma boa autodisciplina. O caminho em direção aos mesmos pode nem sempre ser fácil. Mas ter objetivos, quer pequenos quer grandes, é parte daquilo que faz a vida valer a pena. Sem objetivos que lhe proporcionem um sentido de propósito, é impossível ter uma boa autodisciplina.

Há mais de 2.000 anos atrás, Aristóteles disse "Um bom começo é meio caminho andado". Ele estava no caminho certo. Algo que o ajudará com todos os seus objetivos de autodisciplina. Sem objetivos, não é possível ter motivação, força e autodisciplina. Prestar atenção à forma como define os seus objetivos aumentará a probabilidade de os alcançar. E alcançá-los faz com que se sinta bem consigo próprio e querer continuar a persegui-los.

**Decida-se.**
Pense em algo que quer fazer ou trabalhar em direção a alcançar: decida-se nalguma coisa para si. Não importa o quê, desde que seja algo que quer fazer. Deve ser algo

que quer fazer, só pelo facto de o querer fazer e para si, e não para algo ou para alguém. Pode ser algo grande ou pequeno. Você pode esticar-se um pouco neste objetivo. Não tenha medo.

Anote-o.

Cuidadosamente. Anotar os seus objetivos aumenta as hipóteses de os concluir. Anote a forma como saberá que alcançou os seus objetivos e quando é que gostaria de os ter conquistado. Pergunte-se a si mesmo: como é que "parecerá" e como é se sentirá quando o fizer? De que forma é que se relaciona com a pessoa ou com aquilo que você valoriza na vida?

Descreva o seu objetivo em termos específicos e cronologicamente. Seja específico e defina pequenos incrementos no próprio objetivo. Anote os seus objetivos em termos daquilo que quer, não daquilo que não quer. Defina objetivos pequenos e alcançáveis.

Conte a alguém.

Contar a alguém que conhece os seus objetivos também parece aumentar a probabilidade de se manter na prossecução dos mesmos.

Decomponha o seu objetivo.

Decompor o seu objetivo é de importância vital e até mais necessário quando se trata de grandes objetivos. Pense nos objetivos mais pequenos como passos para alcançar o seu objetivo maior. Por vezes, os seus grandes objetivos são um tanto vagos. Não escolha apenas "Quero ser mais saudável". Em vez disso, decomponha este objetivo, em objetivos pequenos e específicos de perda de peso e alimentação saudável. Decompô-los ajuda-nos a ser mais específicos. Anote os seus objetivos mais pequenos e defina algumas datas para a respetiva conclusão. Ter vários objetivos mais pequenos faz com que cada um deles seja mais fácil e dá-nos uma sensação de sucesso ao longo do caminho. E o sucesso faz com que a autodisciplina pareça mais real. Faz com que a autodisciplina seja mais fácil.

Planeie o seu primeiro passo.

Um antigo provérbio chinês diz-nos que a viagem mais longa começa com um único passo. A melhor forma de começar é dando o primeiro passo. Se pensar nos seus objetivos em termos de passos, poderá descobrir que é mais fácil. Até mesmo se não souber por onde começar, não há desculpas. O seu primeiro passo pode ser investigar. Pesquise ou pergunte a alguém qual poderia ou deveria ser o seu primeiro passo. Vá à biblioteca. Comece. Se tiver autodisciplina, cedo descobrirá que não há passos que não possa dar. Ter este conhecimento melhorará a sua vida e a sua motivação.

Mantenha-se no caminho.

Trabalhar em função dos seus objetivos pode, por vezes, ser difícil e frustrante. Mantenha-se no caminho e persevere. Anotar os seus objetivos não é suficiente para desenvolver autodisciplina. Considere diferentes formas de os alcançar. Se estiver mesmo estagnado, tente decompor ainda mais ou faça uma pausa e recomece mais tarde. Quando terminar, pense naquilo que aprendeu e como é que o pode utilizar para os objetivos seguintes que tiver. Se mantiver este processo, as coisas correrão melhor.

Defina objetivos SMART

A verdade é que para que os objetivos sejam fortes, eles devem ser SMART (inteligentes). Há muitas variações do significado desta sigla, mas o principal é:

E(S)pecífico.
(M)ensurável.
(A)lcançável.
(R)elevante.

Limitado no (T)empo.
Defina objetivos específicos

O seu objetivo deve ser claro e bem definido. Os objetivos vagos são inúteis porque não lhe providenciam boas orientações. Lembre-se, você precisa de objetivos que lhe mostrem o caminho. Torne isto o mais fácil possível para chegar onde pretende, definindo precisamente onde quer chegar.

Dicas

-_Enquadre os seus objetivos de forma positiva.
-_Mantenha os seus objetivos no topo da sua lista de afazeres
-_Afixe os seus objetivos em locais visíveis que estejam sempre dentro do seu campo de visão.
-_Elabore e cumpra um plano de ação
-_Mantenha passos individuais e risque-os á medida que avança
-_Mantenha ativa a sua definição de objetivos. Não faça tudo de uma só vez e pronto.

## 4º Passo: Ser sincero consigo próprio

Ser honesto consigo próprio é um dos aspetos mais importantes de se ter autodisciplina. É da sua responsabilidade saber quem você é, do que é capaz e dos que era suposto estar a fazer. Talvez se esteja a enganar a si mesmo acreditando que a sua carreira ou relacionamento são ótimos, quando não são. É possível que se martirize no que toca aos seus objetivos, quando na verdade até está a fazer um ótimo trabalho. Qualquer que seja a situação, ser honesto consigo mesmo é uma grande oportunidade para desenvolver competências de vida, ultrapassar desafios, conquistar a aceitação pessoal e melhorar a sua autenticidade. Você deve ser honesto consigo próprio, a menos que queira perder a sua capacidade de ser autodisciplinado.

É difícil responder à questão de como é que se melhora a honestidade consigo próprio. Este pode ser um dos maiores obstáculos que terá de vencer para se tornar autodisciplinado. Eis os passos que pode dar para melhorar a honestidade consigo próprio e, consequentemente, a sua autodisciplina. É desta forma que poderá esforçar-se por impedir-se de mentir a si mesmo. Você não tem de se convencer de que pode fazer alguma coisa mais tarde. Em vez disso, deve esforçar-se para saber que tem de fazer alguma coisa de todo. Seja honesto consigo próprio acerca dos seus desejos e capacidades. Eis os passos que pode dar para ser honesto consigo próprio. Siga-os tantas vezes quanto for necessário.

1º Passo: Autoavaliação

Identifique uma área para autoavaliação. Pode ser algo tão insignificante como os seus hábitos de limpeza da casa, ou tão importante como o seu parceiro.

Seja corajoso. Escolha um local para começar que lhe dê um avanço, mas que você saiba que é capaz.

Reserve algum tempo para si mesmo. Dedique algum tempo a ser a pessoa que pode ser. Medite. Reflita sobre coisas simples.

Anote tudo. Responda pergunta a seu próprio respeito. Anote as suas forças e fraquezas. Pense nas áreas que minam o seu sucesso. O que o impede de avançar? O que está a fazer em seu próprio benefício? O que lhe impede de avançar e sugere que se contenha?

2º Passo: Reveja e aja em função da sua autoavaliação.
Descubra onde é que precisa de melhorar e onde é que se supera.
Não desista. Lute contra as coisas que o impedem de avançar.
Pergunte aos seus amigos como é que o encaram. Peça-lhes ajuda.

3º Passo: Faça um gráfico do seu progresso

4º Passo: Celebre as suas vitórias.

Dicas para ser sincero consigo próprio:

- Lembre-se, anotar tudo não o vai prejudicar. Pode optar por não partilhar com ninguém, destruir, corrigir ou simplesmente manter em segredo.
- Se não souber por onde começar, tente fazer um teste de personalidade. Estes testes não o descobrem por si só, mas dão-lhe alguns esclarecimentos acerca da sua própria natureza que o ajudarão a começar. Talvez um teste possa ajudá-lo a começar a perceber quem você é e a ser honesto consigo próprio.
- Se não sabe o que quer, procure ajuda externa. Faça um teste, fale com um conselheiro, pergunte aos seus amigos.
- Pode sempre recorrer a ajuda profissional independentemente dos progressos que estiver a fazer. Ser sincero consigo próprio não significa que tem de esforçar-se sozinho.

**5º Passo: Encontrar a sua motivação**

A autodisciplina e a dedicação exigem motivação. De facto, a motivação possui uma relação positiva no que toca à autodisciplina. Quanto mais você descobre e se foca na motivação, mais traços de autodisciplina receberá. Quanto mais se focar e se esforçar por ser autodisciplinado, mais motivação ganha e mais empenho terá para continuar a esforçar-se.

Mas, por vezes, pode ser complicado encontrar motivação. Ela pode esconder-se de nós e fazer-nos sentir totalmente inúteis. Até mesmo as pessoas mais motivadas e autodisciplinadas podem perder às vezes a motivação. De facto, às vezes entramos num tal declínio que até o simples acto de pensar em fazer mudanças positivas parece demasiado difícil.

Só que a motivação não é falta de esperança. Com alguns pequenos passos, você poderá começar a caminhar em direção a uma mudança positiva. Pode parecer por vezes impossível. Mas, lembre-se que não está sozinho. Eis algumas ferramentas úteis para se focar na motivação. Eis algumas coisas que pode fazer para prosseguir e que irão ajudá-lo a fomentar a sua própria motivação:

1. **Um objetivo**. Assim que alcançar Um Objetivo, pode sempre lutar por outros. Escolha um e avance a partir daí. Se você consegue fazer uma coisa, também consegue fazer a seguinte e assim por diante.

2. **Encontre inspiração**. Procure na Internet, nos amigos, na sua família, nos animais e nos livros. Encontre algo que o inspire. Encontre algo que ajude a motivá-lo.

3. **Fique empolgado**.

4. **Crie expetativas**. Isto parece complicado e muitas pessoas vão por esta dica de lado. Mas, funciona mesmo. Se encontrar inspiração e quiser concretizar um objetivo, não comece logo. Escolha uma data no

futuro — daí a uma semana ou duas, ou até um mês — e faça dela a sua Data de Início. Marque-a no calendário. Esta é uma ótima maneira de ficar empolgado pelo futuro. Fique empolgado acerca dessa data. Torne-a na data mais importante da sua vida neste momento. Comece a traçar um plano. Ao atrasar o seu início, está a criar expetativas e a aumentar o seu foco e energia em direção ao seu objetivo.

5. **Publique o seu objetivo**. Imprima o seu objetivo em letras grandes. Escreva-o onde lhe seja possível visualizá-lo vezes sem conta. Mantenha-o pendurando, lembrando-o constantemente. Mantenha-o positivo, com boa motivação.

6. **Assuma publicamente o compromisso**. Conte aos seus amigos e família o que está a fazer. Deixe outros saberem o que está a fazer. Ficará mais motivado se conseguir encontrar apoio.

7. **Obtenha apoio**. É difícil alcançar alguma coisa sozinho. Descubra a sua rede de apoio, quer no mundo real, quer *online* ou em ambos. Isto dar-lhe-á ainda mais motivação e ajuda. Apoio, amigos e família são grandes fontes de motivação. Eles vão ficar orgulhosos de si e esta sensação dar-lhe-á ainda mais motivação e ajuda. Dar-lhe-á mais motivos olhar em frente quando concluir.

8. **Permaneça firme**. Independentemente de tudo, não desista. Mesmo que não se sinta motivado hoje, ou esta semana, não desista. Repito, a motivação irá voltar. Saiba que vai voltar e ainda mais forte do que nunca.
9. **Apoie-se nos pequenos sucessos.**
10. **Leia diariamente sobre o assunto**. Use blogues. Pesquise na Internet e em livros. Leia sobre como é que outras pessoas dispõem de e utilizam as suas capacidades. Leia sobre a autodisciplina de outros. Leia sobre os progressos de

outras pessoas. Leia acerca do que outros Leem, sobre como é fantástico quando outros conseguem alcançar o mesmo sucesso que você almeja alcançar mais tarde.

11. **Peça ajuda quando a sua motivação entrar em declínio.** Está com problemas? Peça ajuda. Ligue aos seus amigos e familiares. Pesquise *online*.
12. **Pense nos benefícios, não nas dificuldades.** Pense e foque-se nas boas coisas que irão acontecer assim que concluir os seus objetivos. Esta é uma grande motivação.
13. **Suprima pensamentos negativos; substitua-os por positivos.** A positividade atrai positividade. Não permita que pensamentos negativos se infiltrem no seu ser. Deixe-os trabalhar por si. Ser positivo pode fazer toda a diferença, tanto para si como para aqueles que o rodeiam.

## 6º Passo: Desenvolver a sua força de vontade

A força de vontade é um "músculo" importante que deve manter tonificado e trabalhar sempre nele. A força de vontade é importante para a autodisciplina? Ter força de vontade e autodisciplina é importante e vital para viver uma vida feliz e saudável. A força de vontade é como um músculo: deve ser trabalhado para se manter firme, mas também pode ser treinado em demasia, distendido e ferido. Dedique tempo a fortalecer e treinar a sua força de vontade e verá resultados positivos na sua autodisciplina. A força de vontade é necessária para a autodisciplina, e a autodisciplina necessária para ter força de vontade?

Eis algumas coisas que pode fazer para fortalecer a sua força de vontade e, por sua vez, trabalhar na sua autodisciplina:

**1) Não esforce demasiadamente a sua força de vontade.**

Muitas pessoas recorrem ao levantamento de pesos para tonificar e aumentar a massa muscular, mas certificam-se de que não esforçam os músculos em demasia. Você deve fazer o mesmo em relação à sua força de vontade. Exercite regularmente o seu autocontrolo e força de vontade. Isto irá fortalecê-los e, por sua vez, fortalecerá a sua autodisciplina. Contudo, certifique-se de que não se priva constantemente ou fere a sua própria força de vontade. Isto apenas piorará as coisas. Não se esgote a si próprio. Se o fizer, arruinará completamente a sua autoconfiança.

**2) Use a sua imaginação.**
A imaginação é uma técnica poderosa para melhorar a força de vontade. O seu corpo certamente responderá a situações imaginárias da mesma forma que responde a situações reais vividas. Se se imaginar de pé, na neve, enquanto estiver a tentar arrefecer em meio a uma tarefa que o esteja a sujeitar a áreas de calor, você será capaz de continuar a trabalhar arduamente. Utilize isto em proveito próprio à medida que trabalha na sua

força de vontade e autoconfiança. Pense noutra coisa.

**3) Crie bons hábitos para si.**
Se continuar a trabalhar arduamente e a treinar a sua força de vontade como um músculo, esse bom hábito vai dar bons frutos no fim. Quando estiver stressado, estes hábitos irão ser-lhe proveitosos. A prática faz a perfeição, mesmo na autodisciplina e na força de vontade.

4) Seja você mesmo

**5) Mantenha-se longe de tentações**
Não faz sentido em deixar-se tentar quando não precisa disso. Se está a evitar comer doces, não vá para uma loja de doces.

A força de vontade pode ser um dos seus maiores pontos fortes. Pode dar-lhe a capacidade de prosseguir mesmo quando acredita que as hipóteses são impossíveis. A força de vontade é o que separa as suas capacidades dos instintos animais. Não se trata apenas de viver, mas de fazer tudo aquilo de que se é capaz. Tem a ver com esforçar-se e alcançar os seus objetivos. A força de vontade tanto é poderosa como muito útil. Lembre-se de a manter ativa e preparada. Força de vontade é parte crucial da autodisciplina.

### 7º Passo: Quebrar hábitos antigos

Os maus hábitos são "lixados". Um mau hábito pode arruinar todo o seu conjunto de objetivos e a estratégia de melhoria que planeou. De modo a melhorar o seu bem-estar pessoal e autodisciplina, de modo a viver uma vida melhor com mais sucesso, primeiro você tem de quebrar os seus hábitos maus e antigos. É necessário derrubar as questões associadas à sua falta de autocontrolo. Derrube os seus auxílios de combate ao *stress* normais e selecione novos. Desta forma, poderá alcançar o sucesso. Quebrar um mau hábito demora, pelo menos, 21 dias. Os nossos corpos estão programados para a repetição e consistência. Não continue a viver uma vida mundana. Use estas dicas para, de uma forma honesta, focar-se em sair de hábitos maus e antigos e enveredar por um novo sistema de hábitos e autodisciplina.

- Multe-se a si mesmo por cada infração. Será menos provável continuar com o mau hábito se tiver de pagar para o fazer. Pegue num frasco e coloque dinheiro nele sempre que não dê o seu melhor. De forma adversa, recompense-se sempre que conseguir controlar os desejos de continuar com o hábito.

- Foque-se em compreender o que despoleta os seus maus hábitos. Compreender a forma como tomamos decisões é crítico para conquistar toda a sorte de maus hábitos. Se você se concentrar em compreender porque motivo os seus hábitos são maus, irá perceber melhor a forma de os combater e de os transformar em hábitos melhores. A autodisciplina exige a compreensão dos maus hábitos e maus desejos de modo a ser mais forte do que eles.

Frequentemente, repetimos maus hábitos sem nos apercebermos disso.

-_Vá devagar e faça pequenas mudanças. Demore o tempo que for necessário. Tal como a força de vontade, não se pretende exagerar. Dedique tempo a fazer as alterações certas da forma que for correta para si.

-__Defina lembretes no seu calendário. Lembre-se a si próprio de permanecer forte. Seja bom para si mesmo.

-_Mude o seu ambiente. Por vezes, para mudar os seus hábitos, você precisa de mudar o seu ambiente. Se tem dificuldades em trabalhar, tente trabalhar noutro sítio. A sua autodisciplina vai agradecer-lhe.

-_Tente descobrir novos hábitos. Encontre formas melhores de passar o tempo.

**8º Passo: Cultivar novos hábitos**

Não se pode confiar em nada além do apoio dos seus próprios instintos quando ficamos estressados ou quando enfrentamos problemas. Quebrar hábitos maus e antigos é o primeiro passo para cultivar estes novos hábitos que o ajudarão na busca da autodisciplina. Assimilar um bom hábito demora, pelo menos, 21 dias de trabalho árduo. *Todos nós temos áreas das nossas vidas que queremos melhorar. Por isso, defina objetivos e transforme-os em novas rotinas, que se irão transformar em hábitos. Você pode até falhar, mas não permita que isso o desanime.*

Muitas vezes poderá começar bem a tentativa de criar um novo hábito, mas não conseguir continuar com ele. Pode falhar e fraquejar após apenas alguns dias. Geralmente, diz-se que se demora 21 dias a ganhar um hábito, mas a verdade é que pode levar entre 18 a 254 dias. E isto pode desencorajar totalmente. Por isso, é importante que persevere enquanto trabalha nos seus novos hábitos.

Compreenda que estes hábitos podem parecer-lhe esmagadores. Mas, em vez de se focar no aspeto demasiado grande do hábito, tente o máximo para se concentrar nas pequenas vitórias e tarefas diárias dos hábitos. Foque-se na rotina de cada dia e sentir-se-á melhor.

Ao observarmos um hábito, verificamos três partes que o fazem permanecer:
   Um sinal
   Uma rotina
   Uma recompensa
O sinal recorda-o de que tem de fazer o hábito. A rotina é o que faz automaticamente. A recompensa é o pagamento que recebe por fazer a rotina. À medida que o tempo for passando, tudo melhorará cada vez mais. Compreender os três segredos de um hábito torna mais fácil assimilá-los.

Ao desenvolver bons hábitos, você terá de fazer a mesma coisa vezes sem conta. Isto pode parecer-lhe aborrecido, mas tem de continuar com a mesma rotina se a quiser tornar num hábito. Se alterar as coisas, nunca associará a recompensa com a rotina e, portanto, a rotina nunca se tornará num hábito. Encare isto como uma experiência acerca da forma como aceita estes desafios.

Criar estes hábitos pode parecer assustador e difícil. Reconheça que, por vezes, o fracasso acontece. Às vezes, irá perder. E isso não é um problema. Basta certificar-se de que se reergue e segue em frente. Quanto mais tentar, melhor se tornará a fazê-lo. Dê a si mesmo a motivação e o esforço. Tudo neste livro funciona por si só. A forma de ter sucesso é lembrar-se disso.

Um bom hábito irá ajudá-lo quando a autodisciplina e o planeamento falharem. Por vezes, as coisas são mais difíceis do que previamos. Por vezes, há fatores de *stress* que tornam mais difícil continuar. Contudo, nestas alturas, os nossos corpos ainda se lembram dos nossos hábitos. Se ainda se lembrar dos hábitos que se esforçou tanto para desenvolver, ainda conseguirá praticar uma autodisciplina sólida.

### 9º Passo: Registe o seu progresso

Fazer registos diariamente é muito importante quando se está a tentar desenvolver a própria autodisciplina. É necessário monitorizar o progresso, a forma como se sente, onde falhou e onde teve sucesso. Mantenha-se firme nos seus objetivos e em tudo o resto. A melhor forma de o fazer é ter o seu próprio diário. A autodisciplina não significa nada se não se conhecer a si mesmo. Se registar o seu progresso e prestar atenção ao que está a fazer, irá descobrir que é mais fácil ter autodisciplina. Este tipo de monitorização de progresso pode ser feita de várias formas diferentes. Use gráficos e números para mostrar a si próprio que tipo de progresso está a alcançar num objetivo específico. Peça aos seus amigos e familiares que o responsabilizem.

Você pode manter um registo dos hábitos e objetivos de vários dias usando um sistema de pontos ou marcando dias num calendário. Pode tentar ter dois frascos com pedrinhas num deles. À medida de concluir o seu objetivo de cada dia, pode transferir uma pedrinha para o frasco vazio. Desta forma, poderá ir visualizando o desenvolvimento da sua progressão. Vai verificar que esta acontece devagar, mas em cada dia haverá uma diferença. A cada dia, o esforço irá mudar o que está no frasco.

Se optar por anotar o seu progresso, o que sugiro que faça, dê uma espreitadela a estas perguntas. Utilize-as como forma de ter uma noção de si mesmo e para descobrir que tipo de trabalho ou esforço deve realizar para aumentar a sua autodisciplina.

- O que acha que é a autodisciplina? Como se sente acerca da autodisciplina?
- O que significa para si praticar a autodisciplina?
- De que forma pretende que a autodisciplina o ajude?
- Tem autoconsciência?
    - Quais são os seus instintos?
    - Quais são os seus estímulos?
    - Quais são os seus pontos fortes?
    - Quais são as suas fraquezas?

- Acha que conhece o seu verdadeiro eu?
    - Já perguntou aos seus amigos ou familiares?
    - Faça um teste de personalidade: Como se sente acerca dos resultados?

- Quais são os seus objetivos?

- É honesto consigo próprio?
    - De que é que mais necessita? Em que áreas é mais desonesto consigo mesmo?

- Em que áreas é mais honesto consigo mesmo?

- Onde encontra a sua motivação?

- Qual é a sua força de vontade?
  - Como é que desenvolve a sua força de vontade?

- Que hábitos antigos necessita de quebrar?
- Que hábitos novos deseja desenvolver?
  - Como é que o vai fazer?

Eis algumas perguntas diárias às quais pode responder para desenvolver a sua autodisciplina:
- O que é que deseja alcançar hoje?
- Sente-se autodisciplinado todo o dia? Apenas parte do dia?
- Como se encorajou hoje? Isso funcionou?

Manter um registo do seu progresso mostra-lhe bem onde se encontra. Mantem-no na linha e encoraja a sua autodisciplina. Ajuda a motivá-lo. E isto é importante se pretende que a sua autodisciplina se mantenha forte e as suas capacidades aumentem.

## Desafio de 10 dias

### Recompensas por ser autodisciplinado

A autodisciplina é um estilo de vida. Quando você é autodisciplinado, você vive sistematicamente e com uma força que move montanhas. Não se trata apenas de dinheiro ou de capacidades. A autodisciplina tem a ver com descobrir e conquistar uma vida melhor. Tem a ver com acabar tudo o que se começa. É o hábito de formar e trabalhar em bons hábitos. Muitas pessoas de sucesso afirmam que são famosas ou bem-sucedidas porque têm uma forte autodisciplina.

A autodisciplina tem a ver com ser uma pessoa orientada para os objetivos, manter-se saudável e também evitar problemas. Uma forte técnica de autodisciplina é uma forte competência social.

Eis algumas vantagens das quais beneficiará ao ter um forte senso de autodisciplina.

**Foco:** Ser disciplinado ajuda-o a manter-se concentrado no seu trabalho, nos seus objetivos e metas. Se tiver objetivos fortes e orientados, você conseguirá manter esse foco em tudo o resto.

**Respeito:** Os homens e mulheres mais respeitados de todos os tempos tinham uma forte autodisciplina. A autodisciplina comanda naturalmente o respeito dos outros. Se você tem dificuldades em conquistar o respeito de outros, não o conseguiu com a sua autodisciplina e força de vontade.

**Manter-se ativo e saudável:** Se a sua vida for autodisciplinada, você terá hábitos regulares como comer corretamente, manter-se limpo e asseado, acordar e dormir a horas certas. Quando você exercita e pratica outros bons hábitos você estará bem cuidado e mais feliz. A autodisciplina providencia-lhe a estrutura necessária para fazer uma fantástica diferença em tudo o que faz, especialmente no cuidado próprio. As pessoas bem disciplinadas são sempre mais ativas que as outras. Elas tendem a manter-se ativas ao longo de todo o dia. Ser ativo e saudável produz os seus próprios benefícios de felicidade e prazer acrescidos. Com isto, viverá mais tempo e fará mais coisas.

**Autocontrolo**: Se possuir uma forte autodisciplina, terá melhor controlo sobre si próprio. Será capaz de controlar potenciais instintos impulsivos quando alguém o trata indevidamente. Será capaz de evitar comer coisas que sabe que não deve. A disciplina acarreta o autocontrolo, o que aumentará as suas relações com as outras pessoas e fará com que tudo na sua vida corra melhor e de forma mais pacífica. As pessoas que têm mais sucesso na vida também possuem os melhores níveis de autocontrolo e autodisciplina.

**Mais aprendizagem:** Uma forte autodisciplina pode levar a mais aprendizagens e a uma melhor e mais sólida educação. As pessoas que se permitem aprender e ser disciplinadas constantemente ficarão agradavelmente surpreendidas com as suas capacidades. A autodisciplina na sala de aula pode ajudar os estudantes a ouvir os professores e outras coisas nelas abordadas. Os trabalhos de casa e a aprendizagem serão melhores.

**Produtividade e Felicidade:** Ser disciplinado ajuda a fazer as coisas mais rapidamente e no período de tempo certo. É muito importante que aqueles que se concentram na disciplina também sejam felizes e produtivos: o que torna mais fácil a disciplina. Estar feliz e ser produtivo mostra-lhe que o que está a fazer (praticar a autodisciplina) é a coisa certa para si. Este tipo de produtividade e felicidade pode levar à tranquilidade de espírito. Manter-se autodisciplinado pode alterar a produtividade, felicidade e saúde até mesmo das relações interpessoais. Se quiser ver as suas amizades a melhorarem, os seus relacionamentos a funcionarem melhor e os seus amigos e familiares com mais sorrisos na cara, foque-se na autodisciplina enquanto ferramenta.

**Menos *stress*:** A autodisciplina produz menos *stress* e tensão. Se não sabe o que lhe espera a cada dia e não tem um plano de ação disciplinado para cuidar de si mesmo, irá desenvolver o medo e a ansiedade. Um forte senso de autodisciplina irá proporcionar-lhe mais poder sobre a sua capacidade de sentir *stress*. A autodisciplina ajuda a desenvolver a autoestima e força.

### Plano Inicial de Dez Dias para Autodisciplina

Se ainda estiver com muitas dificuldades para organizar a sua vida e se disciplinar a si próprio, esta seção é para si. Este plano de dez dias providencia a plataforma perfeita para começar a melhorar a sua vida. Ao seguir este plano, começará a colher os frutos de um trabalho bem feito. Estará menos stressado e ganhará mais motivação. A autodisciplina é semelhante a um músculo. É necessário trabalhá-la de modo consistente. Quando terminar este plano de dez dias, não pense que chegou ao fim do caminho. Deve continuar a trabalhar continuamente na sua autodisciplina. Crie os seus próprios planos e objetivos à medida que o tempo passa. Não tenha medo de pedir apoio e ajuda aos seus amigos e familiares. Uma vez que comece a trabalhar em si próprio e na sua disciplina, sentir-se-á melhor.

### 1º Dia: Avalie-se. As suas forças e fraquezas.

Descubra o que consegue e o que não consegue fazer. Torne-se tão ciente de si mesmo quanto lhe for possível. Anote-o e avalie-o. O que significa? O que pode fazer acerca disso? Como se sente acerca disso?

**2º Dia: Utilize listas de afazeres**
Defina pequenos objetivos na forma de uma lista de afazeres e concretize-os. Certifique-se de que sabe que deve estar orgulhoso de si mesmo. Está a praticar a autodisciplina.

**3º Dia: Motive-se.**
Faça uma lista de todas as razões pelas quais quer mudar. Pense nas pessoas que o encorajam. Encontre a sua motivação e a autodisciplina será uma consequência.

**4º Dia: Trace um plano.**
Trace um plano para o que quer fazer com a sua vida. Planeie o que quer concluir. Anote-o. Seja realista. Defina os seus objetivos.

**5º Dia: Livre-se dos maus hábitos.**
Faça uma lista de todos os maus hábitos de que se quer livrar e comece a trabalhar nela. Os maus hábitos podem arruinar a sua autodisciplina. Comece a trabalhar nisso agora mesmo. Vai demorar algum

tempo, é certo, mas vai fazer com que se comece a sentir melhor.

**6º Dia: Torne-o público.**
Conte os seus objetivos aos seus amigos e familiares. Eles poderão encorajá-lo. Ao contar a outras pessoas, irá descobrir que obterá mais motivação e será mais provável que continue.

**7º Dia: Novos hábitos.**
Decida-se sobre alguns hábitos e rotinas novos que pretenda incutir em si próprio. Certifique-se de que está a desenvolver hábitos que estejam de acordo com os seus objetivos.

**8º Dia: Capacite-se a si mesmo através da mudança.**
Sempre que der um passo positivo em direção ao desenvolvimento da autodisciplina, não importa o quão pequeno seja, reconheça o quão fortalecido o torna a si. Admita e conscientize-se de que sabe bem fazer uma mudança positiva.

**9º Dia: Avalie o seu progresso.**
Até agora, tem-se portado bem. Considere o que tem feito. Avalie a forma como isso o faz sentir. Esta é uma parte muito importante do processo. Certifique-se de que efetua alterações conforme os resultados.

**10º Dia: Recompense-se.**
Parabéns! Fez um ótimo trabalho! Recompense-se por ser ótimo na autodisciplina. Continue!

## Conclusão: Desfrute da sua nova autodisciplina

Ter uma boa autodisciplina é fantástico! Espero que utilize bem este guia e aproveite o que é capaz enquanto ser humano. Lembre-se, você é mais do que apenas instintos e reações. Você tem o poder de ser totalmente autoconsciente. Você, enquanto ser humano autodisciplinado, pode ultrapassar os seus instintos e aproveitar de forma impressionante a sua humanidade. Aproveite os seus pontos fortes. Com a autodisciplina, pode minimizar as suas fraquezas e transformá-las em mais pontos fortes. É hora de se esforçar para descobrir o seu verdadeiro eu. Decida quem quer ser. Dedique algum tempo a formatar objetivos inteligentes que possa alcançar. Foque-se e dedique-se. Recompense-se pelas conquistas. A autodisciplina pode rapidamente mostrar-lhe formas de encontrar a sua motivação e voz. Parabéns pelo início desta viagem! Lembre-se que a autodisciplina é uma ótima maneira de conseguir fazer tudo o que quer.

**Parte 2**

## Introdução

Gostaria de agradecê-los e parabenizá-los por baixar este livro.

Este livro contém passos provados e estratégias de como construir motivação genuína e duradoura. Você obterá todas as ideias requeridas e guia de autocontrole, autodisciplina, visualização, propósito, objetivos e etc. Você aprenderá também a importância de ter visualização em sua vida, como visualizando o que quer e porque quer o conduz, visualizações diárias, técnicas para se livrar da procrastinação e vícios. Aprenderá como desenvolver o hábito da autodisciplina e algumas técnicas para autocontrole em situações desafiantes. Todos esses passos e sugestões foram descritos de forma clara e eficaz para que possa compreender facilmente e implementar rápido. Este livro é um guia geral do que deve fazer para tornar-se mais controlado. Acredito que ganhará muito ao ler este livro.

Agradeço novamente por baixar este livro, e espero que goste!

## Capítulo 1: Visão e propósito

Bom, você deve estar se perguntando: "O que é uma visualização e qual a razão disso?"

Uma visualização é uma imagem mental ou um pensamento que faz sobre você mesmo, seus negócios, família, corpo, situação financeira, seus relacionamentos, voar para marte como ElonMusk ou qualquer coisa que deseje que aconteça ou queira fazer acontecer. Uma visualização clara te encoraja a seguir em frente, **seguir seus sonhos** e alcançar os seus objetivos. É uma ideia do futuro, um forte desejo. Uma visualização que seja bem clara abrirá sua mente para experiências ilimitadas de futuro.

Você precisa manter o foco e isso o ajudará a vencer os desafios e o incentivará a continuar quando você estiver esmagado pelos obstáculos e a ponto de desistir. Uma visualização bem definida o ajuda a focar. Quanto mais clara a visualização, mais clara as ações. Se você não tem essa imagem do que quer ser, em que quer ter sucesso ou o que quer da vida, você perderá a direção e não terá a motivação necessária para vencer na vida. Sua vida se tornará apenas uma série de eventos. Imagine pilotar um avião sem destino. Não chegará a lugar algum e sofrerá um acidente em certo ponto. Você não quer que algo assim aconteça em sua vida. Você precisa ser claro e específico sobre o que deseja, de outra forma não alcançará.

Ao continuamente focar em suas visualizações sempre saberá qual será o desfecho, apesar das circunstâncias e dos obstáculos que enfrente. É um motivo que te fará continuar quando enfrentar tempos difíceis. Visualizar é imperativo para pavimentar sua vitória na vida. Você sente-se significativamente mais importante como pessoa quando estabelece e alcança suas visualizações e objetivos.

Quando você atravessa um quarto escuro é difícil porque só vê a escuridão. Não sabe qual direção seguir, pois não tem a habilidade de sentir nosso ambiente e as oportunidades apresentadas e o mesmo pode ser dito a respeito da vida. A visualização dá a nossas vidas direção e clareza. É mais fácil alcançar um destino quando você sabe o caminho a seguir.

Isso é apenas algo que pensei para ilustrar para vocês, mas vocês podem incluir mais. Ser específico em suas visualizações proporciona claridade para determinar os meios de alcançar a meta. Você pode trabalhar duro o quanto for que se não tiver um objetivo claro será por nada. Por outro lado, se você determina um objetivo, e o porquê é importante alcançá-lo e **tornar-se 100% comprometido**, os meios ficam bem mais fáceis de descobrir.

Atravessar a escuridão sem senso algum de direção nos leva a escolhas ruins. Como mencionei você irá defrontar-se com obstáculos imensos sem uma visualização específica que o motive, pois está deixando a cargo da sorte. Tendo uma visualização te dá uma abordagem mais precisa e calculada em direção aos seus objetivos. E repito, se você reconhece as suas metas, você saberá como alcançá-las.

Você necessita **perguntar-se** se seus atos irão levá-lo mais próximo ou distanciá-lo de sua visualização, pois sempre será um ou outro. Então reconhecerá o que evitar e quais possíveis problemas o impedirão de conseguir o que deseja e aonde quer chegar, mas você saberá também o que é necessário fazer.

Toda organização eficiente começa com uma ideia e trabalho que o leve nessa direção. E são definidos para encontrar a realização. Do mesmo modo, alguém que queira ser produtivo também deve começar com uma ideia clara. Sem visualização algo desejável e aparentemente impossível, a raça humana não chegaria aonde está hoje.

Primeiro, você determina o que deseja e porque deseja. Então, o objetivo é estabelecido, o que são pequenos passos, bocadinhos e migalhas para chegar aonde você deseja.

Em paralelo, enquanto as metas coordenam nossa vitalidade e paixão de forma a sustentá-la, ter uma ideia clara desvenda seu propósito e seu chamado na vida. Desenvolvendo uma ideia clara para sua vida o guiará para um entendimento maduro que está trabalhando em direção a algo maior que você mesmo. Por fim, isso requer e obriga você a ser mais inteligente, forte e autêntico - Mais você mesmo. Nesse estágio, você começa a pensar sobre seu legado e sobre tornar-se uma parte de algo que irá contribuir com os outros. Para **transformar sua ideia em realidade** a partir de uma visualização que teve, você precisa pensar independentemente e perguntar-se o que te inspira, motiva, ama, o que você quer doar e o que quer aceitar. Trabalhe sua visualização e deixe sua visualização trabalhar por você dominando sua consciência. E ela dará toda a motivação necessária para torná-lo o que está destinado a ser.

Você é excepcional. Você é a melhor versão de si mesmo existente no mundo. É importante que acredite que é extraordinário, marcante e que está aqui por um propósito. Um propósito que criou para você mesmo. É imprescindível que se aceite do jeito que é e não se julgue. Se acostume a trabalhar o amor próprio. Afirme que você se ama, respeita seus desejos e suas limitações. Do mesmo modo que é essencial saber que a vida é um processo de aprendizado. Torne-se um aprendiz constante. Com esse raciocínio juntoao ato de traçar metas irão possibilitar que siga em frente em direção à sua visão de vida. A visualização irá galgar para o próximo nível de uma vida maravilhosa. Irá estimular sua autoestima, e o fará acordar todos os dias com entusiasmo e propósito.

Uma vez determinado seu projeto de vida, você terá a habilidade de trabalhar coerentemente. Isto é, focar em seu projeto e não desviar. Comece agora na busca interna do que você é bom e gosta de fazer. Sintonize-se com os cumprimentos recebidos sobre o que você faz bem. Pergunte aos familiares e amigos quais são suas qualidades. Faça uma lista com suas aptidões e qualidades e fique consciente sobre elas, e mais importante, acredite em você, seu eu interior o guiará até a pessoa que está destinado a ser. Pergunte-se **o que realmente importa para você.** Certifique-se que sobressaia em tudo que faz. Seu modo de agir é o mesmo, independente da tarefa. Cultivar seu brilhantismo nas áreas de sua escolha o conectará com seu prodígio interior. Conectará você também com seus semelhantes, aqueles que estão mais perto de onde deseja estar ou aqueles que serão seus clientes ou fãs em potencial. Seu brilhantismo, a realização de seus objetivos consistentemente, tornar-se consciente e usar suas habilidades e dons para contribuir com o mundo, tudo colabora para transformar a mentalização que criou em realidade. Sua mentalização conduzirá sua vida para a estratosfera de uma fantástica experiência que contribuirá com o mundo enquanto o leva ao seu real propósito. Você será mais feliz do que jamais foi.

Sua mentalização deve incluir quem você quer ser e o que você deseja representar. É de suma importância saber quem você é agora e aceitar -se **e amar a si mesmo** como é; isto o ajudará a ver em quem precisa transformar-se. O que inclui seus hábitos, pensamentos e crenças. Se não estiver certo sobre você agora, seu futuro será nebuloso. Por isso precisa sentir e experimentar a maior clareza possível. Sentir o gosto de como é estar lá, o fará muito mais determinado.

A fase inicial de criar uma visualização é ser claro sobre o que deseja. Seja específico. Recomendo que escreva em detalhes todas as áreas de sua vida que gostaria de melhorar. Pode ser seu corpo, sua espiritualidade, carreira, finanças, sua vida social ou seu intelecto e emoções. Pergunte-se onde você deseja se ver no futuro nestas áreas. Deseja ser saudável? Próspero? O que você deseja sentir, o que você quer experimentar regularmente? Seja honesto com você mesmo para ser capaz de projetar um quadro claro de sua vida. Liste em uma escala de 1 a 10 o que seria um 10 absoluto para você. Tudo é possível dentro de uma mentalização. Quando você projeta sua mentalização, ela se torna gigantesca. Assegure-se de se colocar num estado infantil de forma positiva, sem fronteiras e pensamentos limitantes quando escrever sua visualização.

Quando cria uma visualização convincente, se sentirá apaixonado por ela. O único método de fazer sua visualização frutificar é mentalizar, estabelecer seus objetivos e planos de ação para alcançar sua mentalização. Com o tempo, você verá partes de sua visualização se ajustando até o dia que você perceberá que está vivendo sua mentalização. Talvez, já viva parte de sua visualização, se tiver o trabalho que sempre quis, encontrou sua alma-gêmea ou apenas ser a pessoa mais feliz da terra. Você deve se parabenizar por isso. Se não tem nada do que deseja ainda, então **faça** acontecer.

Uma visualização é a habilidade de ver além da sua realidade atual, o futuro. Criar e projetar o que não existe atualmente e transforma-se em o que você não é no momento. A visualização é essencial em todos os aspectos da vida: seja física, emocional ou materialmente. Construir sua visão não precisa ser difícil desde que esteja consciente do que deseja, e verá com seus próprios olhos no futuro.

Você precisa lembrar-se disso enquanto cria sua imagem mental.

1. Saiba, ame e aceite-se exatamente como é.
2. Sonhe, seja como uma criança, o céu é o limite.
3. Foque em coisas que ama e deem propósito e significado para sua vida.
4. Imagine, visualize e sinta sua imagem mental regularmente, faça disso um hábito e sinta-se como se já a estivesse vivendo.

**Estabeleça metas para completar sua visão**

De início, você não precisa estabelecer metas anuais se te parecer esmagador. Você pode iniciar passoapasso, começando devagar, e funciona bem. Por exemplo, comece com metas para uma semana, depois faça para um mês, e por último crie seus objetivos anuais. Assegure-se apenas que as metas traçadas sejam etapas em direção a realidade que você deseja trazer para sua vida.

Certifique-se apenas de atingir pelo menos 80% das metas traçadas. Ao fazer isso, você desenvolverá o hábito de alcançar seus objetivos e deixará evidente que atinge as suas metas. Você pode precisar começar com objetivos menores, mas assegure que eles o guiarão para objetivos maiores a longo prazo, o que entusiasma e motiva você, tornando-o ávido para alcançar seu objetivo como um cão faminto dentro de um caminhão de carne.

Recomendo adotar o seguinte sistema de estabelecimento de objetivos pessoais. A princípio, escolha somente alguns poucos. Minha recomendação pessoal pelo qual você deve iniciar está na próxima página. Você tem a liberdade de escolher o período de tempo /método desejar, mas quantos mais você adotar a longo prazo, mais consciente você será sobre seus propósitos, pois eles serão uma parte importante de sua vida. Você irá integrar mais profundamente sua visão e o estabelecimento de suas metas e a realização em sua vida.

### Anual

É aqui que você estabelece os objetivos anuais e distribui os objetivos menores apropriadamente no decorrer do ano. O foco aqui fica com o que é importante a longo prazo. Tudo deve ser orientado para aproximá-lo de onde você deseja estar em 5 ou 20 anos.

- Determine o que você necessita realizar em um ano que o aproxime de sua visão.
- Identifique os passos, hábitos, atos e projetos que são mais eficazes e foque neles.

### Mensal

- Escolha uma ou duas áreas de sua vida na qual deseja emergir por um mês.

O que te dará bastante flexibilidade em sua agenda para fazê-las. Ao invés de se sobrecarregar com 3 -5 tarefas em um dia, você sabe qual o resultado para aquele mês. Se concluir antes, pode relaxar e ficar com sua família, ou você pode melhorar alguns aspectos repetindo e revisando os mesmos.

- Você pode fazer uma "corridinha" de duas semanas: Distribua os passos das ações no intervalo de duas semanas. Se fizer assim, certifique-se de estabelecer uma recompensa ao final, algo pelo qual você fique na expectativa.

Essa técnica cria uma sensação de determinação e uma atitude forte.

**Semanal/diariamente**

- Este é o cronograma mais importante **gerenciar seu dia-a-dia**.
- Defina de 1-3 pequenos hábitos por semana, algo que faça todos os dias ou em dias específicos. Pode também repetir os mesmos hábitos da semana anterior se sentir que precisa de mais tempo para se acostumar.
- Revise a semana passada e planeje a semana seguinte aos domingos (de

preferência a noite quando a semana terminou.

- Assegure-se de escrever seus hábitos e marque-os para cada dia. O que lhe dará um pico de dopamina e o manterá ávido e motivado para mais (não pare por aí quando achar que está motivado o bastante - continue. Motivação é algo que você batalha para desenvolver até o dia em que morre).

**A visualização para alcançar seus objetivos**

Visualização é uma ferramenta essencial de desenvolvimento pessoal. Do mesmo modo que as afirmativas possibilitam você a se motivar e se concentrar melhor para a realização de metas, as visualizações ou imagens mentais também, especialmente, se você sentir que já está na imagem.

Embora, somente na última década esta estratégia de desenvolvimento pessoal tenha se tornado extremamente famosa, nós temos usado imagens mentais desde o princípio dos tempos.

Em qualquer etapa, quando pensamos ou temos a ideia de realizar algo, primeiro visualizamos. Por exemplo, se estamos com fome e queremos comer, imaginamos diversas comidas, indiferente se precisamos cozinhar o jantar ou sair para comer, ou mesmo se precisamos de companhia para nosso jantar. Quando temos uma cerimônia a participar, imaginamos o tipo de vestimenta adequada, e podemos nos sentir tentados a procurar ou comprá-la. Esta visualização é um requisito que o habilita a dar os passos em direção a uma finalidade.

E como funciona?

Visualização ou imagem mental funciona pois quando você se imagina executando algo perfeitamente, e fazendo o que precisa ser feito, fisiologicamente é feito ligações neurais em seu cérebro, consequentemente parecerá que você completou a ação antecipadamente, A imagem pode estimular o sistema sensorial da mesma maneira que o ato faz. Realizando ou criando um evento em pensamento treina e cria o padrão neural para instruir nossos músculos a fazer o que necessita ser feito.

No caso de esportes competitivos, habilidade física excepcionais são um requisito como também um jogo psicológico intenso. Muitos instrutores discorrem que esportes são 90 % mental e somente 10 % físico. Por esta razão, um grande número de atletas treina visualização ou imagem mental juntamente com seus treinos diários.

Visualize-se sempre atingindo um objetivo para lembrar-se de suas metas e do que tem que fazer para atingi-las. Inúmeros atletas, atores e cantores "imaginam-se" e "sentem-se" executando perfeitamente um treino, programa ou peça por algumas vezes em sua cabeça antes de executar realmente.

Visualização é uma excelente ferramenta para preparar-se para tudo. Invariavelmente, traz um elevado grau de performance.

Instruções passoapasso para visualizar o que precisa:

1. Procure um lugar tranquilo e privado no qual você não seja perturbado ou distraído.
2. Feche os olhos, respire profundamente algumas vezes e relaxe.
3. Respire profundamente algumas vezes e relaxe.
4. Imagine a situação ou o objetivo desejado.

5. Gradualmente, visualize as dúvidas e situação que você quer com o máximo de detalhes possíveis. Quanto mais realística melhor.
6. Perceba o ambiente e veja tudo do seu ponto de vista, como se você já estivesse lá.
7. Adicione emoções, sensações e consciência à sua visão.
8. Pratique pelo menos uma vez por dia por 10 minutos.
9. Continue com sua visualização até ser realidade.
10. Mantenha pensamentos positivos e acredite que é totalmente possível chegar até lá.

## Capítulo 2: Como vencer a procrastinação e os vícios

Para ser uma pessoa disciplinada e com autocontrole, você precisa estar consciente de seu ambiente. O maior problema da procrastinação é o vício. Você precisa livrar-se dos vícios de todo modo possível. Siga estas ideias.

**Evite a lista de afazeres**

Esta lista pode tornar-se muito longa, e por isto impossível. Neste ponto, quando, no final do dia, estas tarefas estão incompletas, um sentimento de desapontamento surge e acaba com sua ambição. Escolher uma ou duas tarefas principais para cada dia e completá-las é uma abordagem mais relevante.

**Desenvolvendo hábitos**

Exercitar-se, ler 25 páginas de um livro ou comer de forma saudável diariamente, você precisa desenvolver hábitos de fazê-lo. Sempre comece devagar, por exemplo, correr cinco minutos por dia. Acrescente um minuto a cada semana. Ajuste um ou dois hábitos por vez, e acrescente mais hábitos após algumas semanas ou um mês, quando estiver confortável com seus hábitos atuais. Você pode também substituir um alimento pouco saudável por um saudável a cada semana. Estes pequenos ajustes farão uma grande diferença no curso de meses ou anos. Uma pessoa obesa não engorda da noite para o dia e também vai demorar para emagrecer de volta. Torne mais fácil ter êxito e difícil não ter.

**Seja proativo continuamente**
Nada prejudica mais sua rentabilidade do que lidar com dramas. Seja proativo, não reativo. Antecipe que coisas boas e ruins acontecem, pode ser uma tentação comer junkfood. Organize-se comendo comidas nutricionalmente fortes antes de sentir fome ou comer algo pronto. Esteja preparado para oportunidades de negócios, mantenha algum dinheiro reservado para quando aparecer poder aproveitar. Pessoas proativas formam seu futuro e pessoas reativas ficam paradas em uma corrida. Tomar hábitos proativos minimizará o impacto dos imprevistos e

garantirá força emocional e produtividade. Faça as coisas para que quando olhe para trás sinta-se bem com você mesmo e com sua vida a longo prazo, não para ter outro pico de dopamina vendo Netflix e comendo batatas chips, enquanto diz não para seus sonhos. Permaneça na ofensiva e não na defensiva. Ataque sua vida com positividade e sem descanso como um atleta campeão e vença na vida.

**Organize-se**

Isto não significa que precisa de uma lista. Disponha as tarefas mais desafiadoras durante as horas em que sua produtividade é maior e as menos desafiadoras nas horas de baixa produtividade. Além disso, use sistemas para atingir o que deseja. Um exemplo é efetuar uma série de hábitos pela manhã. Dormir todos os dias no mesmo horário é um bom jeito de começar. Malhe nos mesmos horários e faça o mesmo com a alimentação. Reserve uma hora pela manhã antes que todos acordem para meditar e trabalhar seus assuntos e 2 horas para sua família a noite. Você não precisa ser 100% perfeito durante todo tempo, mas deve ater-se ao seu sistema o máximo possível. Ao criar uma rotina em sua vida, você torna as coisas mais fáceis para permanecer consistente, pois assim que se acostumar não precisa mais pensar sobre as tarefas, as fará automaticamente.

**Reconheça as imperfeições**

Não estou sugerindo que você não deva fazer algo tão bem quanto possível, mas quero deixar claro que perfeição é uma ilusão. Se você for perfeccionista, você nunca alcançará o nível de produtividade que espera alcançar. Há tarefas que você deve simplesmente completar, outras deve fazer de forma admirável e outras que vale a pena fazer excepcionalmente bem. Perfeccionistas não sabem a diferença, não é? Faça as coisas da melhor maneira possível e dê o melhor de si, mas assim que estiver bom, foque na próxima atividade importante. Nada nem ninguém será perfeito. Aceite e siga em frente. Se algo é bom o suficiente a 90% e você gasta energia para alcançar 100 %, você está gastando energia de atingir 50% de outra tarefa. Você produz mais por não ser perfeccionista.

**Desenvolva um planejamento a longo prazo**

Ter seus planos colocados no papel é um motivador. Quando estiver completando uma atividade no presente, você perceberá que o fato está contribuindo em fazer seus objetivos futuros possíveis. Uma tarefa é apenas um pequeno passo para seu projeto.

**Presenteie-se**

Se você for indisciplinado não será capaz de cumprir o que começou a fazer, encontre um jeito de se educar para tornar-se disciplinado. Um método pode ser presentear-se quando finalizar uma tarefa. Deste modo, você aguardará com expectativa pela recompensa depois de fazer por merecer. Não se presenteie antes de terminar a tarefa, pois frustrará o objetivo. Pelo menos, parabenize-se. Dê-se uma recompensa maior depois de completar grandes objetivos.

**Pare de fazer multitarefas**
Fazer algo grande requer concentração profunda, e focar numa única tarefa possibilita que complete o seu núcleo de interesse. Somado a isto, fazer uma única tarefa mantém a concentração porque uma vez que uma tarefa esteja cumprida, sua cabeça estará livre e preparada para a próxima. Multitarefas nunca permitem a alguém manter o raciocínio e o foco será disperso. Foque somente em uma coisa por vez.

**Proteja-se para não se sentir sobrecarregado**
Projetos especialmente assustadores devem ser separados em partes menores. Termine uma pequena parte a qualquer momento. Sempre dê um passo por vez e não pense em todas as coisas que precisa fazer. Em vez disso, mantenha o foco em fazer bem a tarefa atual. Após terminar, então vá para a próxima.

Evite se enganar com adiamentos reativos. Em um estado de espírito reagente, você se imagina parando de beber ou de usar qualquer outra droga como perdendo um benefício ou uma flexibilidade de que gosta. Você pensa que precisa beber para relaxar, divertir-se, socializar-se ou esquecer uma memória dolorosa. Acredita que se parar de usar a substância apreciada perderá uma oportunidade. Por outro lado, qual é a diferença entre sua visão de flexibilidade e autoindulgência? Do que você está desistindo? Ao invés de engolir essa baboseira, faça uma análise do quanto pode economizar. Dê um tempo de um mês e veja como se sente. O que você ganha desistindo disso? O que você atinge ao usar isso? O que conclui dos números? Veja com clareza o que estes hábitos autoindulgentes, de fato, contribuem com sua vida. Talvez somente dor e você precisa se livrar deles.

**Não desista até que termine**

Se está trabalhando em algo, tente concluir a tarefa, mesmo que possa levar mais tempo do que o esperado. Entenda como uma oportunidade de tornar-se mais forte, paciente e persistente. Estas são qualidades necessárias em sua vida. Entretanto, respeite seu ritmo e não perca noites de sono ou a constância de seus outros hábitos. Nem sempre será possível concluir todas as tarefas.

**Tenha coragem de dizer NÃO**

Você compareceu a um encontro nas duas últimas semanas que foi um inteiro desperdício de oportunidade? Dizer não para experiências sem significado pode recuperar tempo significativo que aprimora sua eficiência e efetividade. Simplesmente diga não! Diga não para a bebida que te oferecem, diga não para o cookie que parece te atrair, diga não para o jogo que quer jogar. Diga sim para o negócio que deseja construir, diga sim para passar mais tempo com sua família, diga sim para o treinamento físico, diga em alto e bom tom e com energia "Sim"! Eu quero parecer incrível, Sim! E amo minha família! E daí por diante. Você é mais forte do que a tentação, confie em você mesmo e opte pelo amor próprio. Afirme " Eu vou para o treino, pois me amo e quero somente o melhor para mim" como você deseja para aqueles a quem ama.

**Elimine os dramas.**

Um dos principais fatores estimulantes por trás da procrastinação das pessoas são por causa das tragédias e dramas feitos por algo que querem abolir. Está relacionado em como é difícil, chato ou doloroso terminar a tarefa, seja qual for o motivo, o assunto subjacente é que fazer a tarefa será "terrível". O mais difícil é decidir dar o primeiro passo e começar. Assim que iniciar a tarefa e tornar isso um hábito, você já está com meio caminho andado.

Dificuldades, cansaço e trabalho diligente não irão te derrotar ou influenciar a sua destruição. Aceite que estão lá e seja mais forte que eles. Faça deles seus escravos e use-os para tornar-se cada vez mais forte. Faça o que precisa fazer independente de como se sinta. Procrastinação relaciona-se com pressão, ao ficar ansioso sobre alguma atividade, e por exemplo, abster-se de fazer uma ligação que você sabe que precisava ou precisa fazer pois já começa a imaginar como será errado ou difícil. Então, não pense sobre isso, apenas faça e descubra mais tarde. Você tem mais benefícios falhando do que por não fazer nada. Pelo menos, você aprenderá com os erros e fará melhor da próxima vez. E talvez pode até gostar do que agora causa ansiedade. Mantenha tudo em perspectiva. " Eu posso não querer fazer algo, mas posso superar isso. "

**Mude seu raciocínio sobre falhas**

O que é falhar? Muitos dirão que é não atingir um objetivo. Mas o que falhar realmente é, é não fazer nada. Se você fez o seu melhor e ainda assim perdeu apenas pouco mais de 1 quilo em vez de 5 quilos, ainda assim é uma vitória, mesmo que pequena. Agora você está mais próximo de seu objetivo a longo prazo. Isto é o que deseja. Apena repita o processo e melhore seus métodos com tudo que aprendeu ao longo do caminho. Não importa se demorar um pouco mais para chegar lá.

**Seja prático**

Ao montar sua agenda, organize-se para os progressos. Muitas vezes, as tarefas tomam mais tempo do que o esperado, prepare-se para o tempo adicional. O que deixará sua vida livre de stress. Além disso, procure por métodos que torne mais fácil: Se, por exemplo, você não é uma pessoa matutina, não espere que irá levantar cedo a tempo do programa de treinamento que você tem adiado por meses. É mais inteligente programar esta mudança para durante o almoço ou antes do jantar. Aprenda a se conhecer, o que o motiva, quando você tem uma vontade maior, onde se sente mais inspirado. Saiba mais sobre você e use isto em seu benefício.

**Concentre-se nos seus "porquês."**

Os que postergam concentram-se mais nos ganhos do aqui e do agora, gratificação imediata (evitando os problemas associados com a tarefa) mais do que com resultados a longo prazo (benefícios que obtêm a longo prazo ao permanecer constante e conseguir os resultados almejados). Em lugar disso, tente focar no porquê de estar desempenhando essa tarefa.Pergunte-se: "Quais são as vantagens de completar essatarefa?" Você precisa aprender a adiar a gratificação. Pode começar com pequenos passos como: posso comer um cookie depois de correr por 5 minutos ao invés de comer de cara, e aos poucos eliminar o cookie e presentear-se com alguns vegetais.

Se você tem adiado a limpeza do quartinho "da bagunça", imagine-se entrando no quarto depois de limpo, como ficará e como você se sentirá bem. Pergunte-se porque você quer o quarto limpo e porque não quer. Pese as alternativas dos dois lados e provavelmente você vai querer limpar o quarto. Além disso, considere quanto dinheiro você vai ganhar ao vender as bugigangas no e-Bay, ou como as pessoas que precisam irão se sentir quando você doar o que não precisa mais.

Se é um programa de treinamento físico que você tem evitado, considere como se exercitar possibilitará mais vitalidade. Além de um aumento na autoestima. Como isto prolongará seu tempo de vida e será um exemplo excelente para seus filhos, amigos e entes queridos. Ou exercite-se apenas uma vez e observe como se sentirá depois e vicie-se ao bem-estar sentido após um treino.

## Capítulo 3: Como desenvolver o hábito da autodisciplina

Autodisciplina é a habilidade de agir de acordo com o que você acha ser correto e não como se sente. É agir de acordo com seus valores. É a criação de novos hábitos ao agir de forma intencional para se aperfeiçoar, finalmente e mais importante alcançar os objetivos necessários. Por exemplo, evitar comer "besteira" apesar de sentir vontade de comer esses alimentos pois você sabe que não é bom para o seu bem-estar. Muitas pessoas não conseguem se impedir de fazer algo ruim o que se traduz na ausência de autodisciplina. Para se ter a capacidade de desenvolver autodisciplina, você precisa ter a vontade e o senso de dever relativo ao empreendimento para agir naturalmente disciplinado o máximo possível. Pesquisas mostram que para realizar algo, ser otimista e concluir seus objetivos, autodisciplina é primordial.
Autodisciplina é fundamental para qualquer pessoa competente. Indiferente

que seja uma conquista em sua vida pessoal ou profissional, tudo começa com uma capacidade inerente de autocontrole através da disciplina. Seus pensamentos. Suas emoções. Suas atividades. Além disso, seus hábitos. Cada um deles deve estar em seu total controle.

Se você deseja alcançar os objetivos nobres estabelecidos, entenda como ser disciplinado é um ingrediente crucial para atingir a fórmula da conquista. Mas autodisciplina não é algo novo. Verdade seja dita, autodisciplina tem sido um tópico de discussão por décadas, e todas as pessoas bem-sucedidas dominaram.

**Fazendo cronogramas e se educando**

Teste-se e treine-se a gerenciar suas chances apropriadamente. Treine-se a praticar um cronograma e agendas. Por exemplo, pratique acordar ao som do despertador sem ativar a soneca. Faça assim mesmo que deseje ficar um pouquinho mais na cama. Depois de um tempo, você se acostumará, e aperfeiçoará significativamente sua autodisciplina. Conseguir empregar e agir de acordo com nossa agenda retrata uma excelente autodisciplina, e assim, é mais fácil alcançar nossas metas.

**Alimentar-se de forma consistente e saudável**

Se sua taxa de açúcar estiver baixa, sua capacidade de raciocínio será influenciada de forma negativa. Se você não estiver alimentado apropriadamente é possível que não terá a habilidade de focar em uma tarefa adequadamente. Se estiver esfomeado, você terá a capacidade de se controlar diminuída. Comer os alimentos corretos e além disso exercitar-se irão ajudar a aumentar sua função cerebral, e assim aumentar sua autodisciplina. Alimentar-se de forma saudável te fará mais feliz, o que é um fator importante para estar motivado.

**Aprenda a controlar hábitos simples**

Os hábitos impõem o que faz rotineiramente. Desta forma, para criar e manter autodisciplina você deve se restringir e desistir do padrão de comportamento negativo e construir bons hábitos para atingir seus objetivos. Se você treina para sentir-se satisfeito com o que tem, você elimina a noção de estar continuamente reclamando sobre o que não tem, o que causa ansiedade. Nesta condição, focar em disciplinar-se acaba completamente com a dificuldade. Aprender a ser grato pelo que tem e aceitar-se e neutralizar a batalha interna que trava, a partir daí alcançar autodisciplina da posição em que se encontra será fácil.

**Treine para suportar o desconforto emocional**

Treine para ser resistente ao desconforto e a dor. Pratique colocando-se em situações de dificuldade na qual você é forçado a ter sucesso. Isto irá aumentar sua capacidade de tolerar tais situações e daí por diante você dará um grande passo em tornar-se autodisciplinado. Um bom modo de sentir-se confortável estando desconfortável é fazer algo que o assuste todos dias.

Quatro características que definem comumente a força emocional:

1. Autoconsciência - Estar ciente de suas emoções particulares e como elas influenciam seus pensamentos e condutas. Você conhece suas qualidades e deficiências e terá a crença que não importa o que aconteça, ficará bem no fim.
2. Autoadministração - Você está pronto para aceitar sentimentos irritantes, lidar com suas emoções de forma eficaz, sempre a frente. Você irá assumir e completar suas responsabilidades e se ajustar a mudanças de circunstâncias e o que você estabeleceu independentemente de seus sentimentos, emoções, dúvidas e o que irão falar.
3. Consciência social - você pode entender os sentimentos, necessidades e razões por trás das ações de outras pessoas, compreender os sinais emocionais, sentir-se confortável socialmente, e

estar ciente socialmente e pronto a se ajustar.
4. Administração de relacionamento - Você sabe como desenvolver e manter relacionamentos excelentes, comunicar claramente, inspirar e influenciar os outros, ser bom em trabalhos em grupo e como lidar com conflitos.

**Livre-seestrategicamente de tentações e distrações**

Estar em um ambiente livre de tentações é o caminho para o sucesso ou para o fracasso ao criar um padrão de comportamento negativo. Para alcançar autodisciplina, você precisa eliminar um número considerável de coisas que podem te influenciar. Por exemplo, se você se ocupar muito do WhatsApp, pode começar silenciando as notificações, ou melhor ainda, eliminar dados. Você pode guardar as besteiras de comer em alguma gaveta em vez de ficar a mostra, ou melhor nem comprar. Comer antes de ir ao mercado, para não estar com fome e achar que precisa do mercado inteiro para se sentir satisfeito. Você pode colocar um livro ao lado do controle da televisão e escolher ler 5 páginas de um livro toda vez que ficar tentado a assistir TV. Treinar a abster-se de fazer algo que somos viciados é um avanço significativo em direção a tornar-se autodisciplinado.

**Reconheça e aceite seus defeitos**

Na viagem para atingir autodisciplina, você precisa identificar suas fraquezas e estar ciente delas em vez de ignorá-las. Aceitá-las reduzirá os efeitos adversos que têm sobre você. Se você é viciado em Facebook, por exemplo. Reconheça a realidade e encontre um modo de limitar o uso enquanto estiver trabalhando. Você pode desligar as notificações para que não o interrompa enquanto estiver trabalhando ou pode acessar o Facebook apenas por uma hora ao dia, reduzindo o tempo progressivamente semana a semana. Se não tiver a distração do Facebook enquanto trabalha, pode encontrar-se perdendo prazos ou uma outra fraqueza. Desta forma, é melhor conhecer seus defeitos e perguntar-se o que pode fazer para superá-las e alcançar autodisciplina.

**Perdoe-se, recobre-se e siga adiante com sucesso a partir dos erros.**

Aprenda a perdoar-se e, desta forma, perdoar aos outros. Fale com você positivamente, do mesmo modo que fala positivamente com os seus queridos. Não se castigue, como você se comporta com os seus erros e os dos outros determinará os ganhos que obterá. Se você os tratar como experiências das quais aprendeu algo, será construtivo para sua personalidade e autodisciplina.

**Comemore pequenas conquistas**

Quando você faz progresso no caminho para a autodisciplina, parabenize-se, recompense-se e comemore o feito. Isto o manterá empoderado, motivado, excitado, forte e mais comprometido a atingir seus objetivos.

**Um exemplo de desenvolvimento de autodisciplina**

Precisa estabelecer para você hábitos e ações que esteja certo poderá cumprir, e levará você mais próximo de sua visão. É preferível desenvolver hábitos pequenos e efetivos do que fazer tudo de uma só vez, o que o distrairia, sobrecarregaria e o faria desistir. Mesmo depois que atingir pequenos objetivos, você pode ir mais adiante e tornar isso um hábito. Deste modo, é garantido ser bem-sucedido e permanecer constante. Constância é a chave. E pode ir aumentando aos poucos.

Se você dominar o curso de seu dia e de sua semana, você dominou a habilidade de usar o tempo em um dia / uma semana. Também é um catalizador do autocontrole, por isso recomendo começar com de 1-3 objetivos grandes, mais realísticos, por ano e focar em construir cada um por vez. A cada semana, determine quais hábitos necessita integrar em sua rotina diária e se deve acrescentar novos ou se aprofundar nos hábitos atuais e deixá-los mais fortes. Após um mês, no aprofundamento de pequenos hábitos, você os fará automaticamente e o aperfeiçoamento contínuo nesta área se tornará parte integrante de sua vida. Você pode também estender seu calendário para algumas semanas ou até meses dependendo de quanta energia e força de vontade custará para desenvolver e manter o atual estágio de atividade. Então, poderá construir e desenvolver hábitos para controlar a próxima área de sua vida.

Ao usar este método de estabelecer objetivos e construir hábitos, você com certeza será dono e estará no controle de sua vida. Pense em um dia assim. Você tem sete dias por semana e 24 horas por dia, e deseja dominar todas as suas horas. Você precisa começar a controlar uma hora por dia de cada vez. Escreva seus hábitos semanais em um bloco ou um quadro e coloque caixas de verificação sobre cada dia e para cada hábito. Use cores para deixar mais estimulante. Tique cada caixa todos os dias assim que fizer algo planejado. Gratifique-se e congratule-se cada vez que ticar uma caixa. Fale: " bom trabalho". Isto dará satisfação ao ticar uma caixa assim que cumprir uma tarefa.

Você pode querer começar controlando suas horas de sono para que tenha mais energia durante o dia. Toda noite no mesmo horário, faça algo relaxante. Por exemplo, prepare-se para o dia seguinte, faça sua rotina de cuidados, coma algo leve e medite por 5 minutos. Após um ou duas semanas, quando se sentir confortável e constante com estes hábitos, determine o horário específico em que gostaria de levantar a cada manhã, e terá mais tempo pela manhã para você. Semana a semana, você fica 15 minutos mais perto do horário desejado. Assegure-se apenas que tenha entre 07:30h e 09:00h todas as noites. Então, comece a construir um ritual matutino no qual, por exemplo, tome um banho frio, leia afirmativas positivas e reflita sobre elas, beba dois copos d'água, mentalize seus objetivos e visões e depois disso se sentirá energizado e motivado para o dia. Parabéns, você ganhou inteiro controle sobre seu sono e da sua hora de dormir e acordar. Não tente criar muitos hábitos por vez, ou em pouco tempo se sentirá sobrecarregado. O mais importante é permanecer constante. Esse é apenas um exemplo.

Nos próximos meses, você desejará estar em controle do seu corpo para perder peso e ter ainda mais energia. Você come diversas vezes no decorrer do dia, então deve começar a assumir o controle de uma refeição após a outra. Comece por substituir seu café da manhã habitual por algo saudável de que você goste e o satisfaça, ou melhor ainda, coma uma hora mais tarde a cada semana para começar um jejum intermitente até comer por volta das 12. Na semana seguinte, substitua seu jantar por algo mais leve e cheio de antioxidantes. Comece a inserir exercícios em sua vida, primeiro uma vez por semana, depois 2 vezes, então, 3 vezes. Ou de outro modo, 1 minuto 3 vezes por semana, 3 minutos e seis minutos e assim por diante. Você pode acrescentar mais depois, assim que adquirir constância. Faça isso no curso de algumas semanas ou meses, mas não treine demais. Não passe fome e obtenha a quantidade certa de proteínas e nutrientes. Logo, obterá controle sobre seu corpo e se sentirá incrível.

Agora, pode começar a montar um negócio online, pois deseja largar o emprego e tornar-se independente financeiramente. Estabeleça a estratégia de negócios que quer seguir. Para conhecer algumas das melhores estratégias de negócios online e os melhores passos de como começar a criar um sucesso extraordinário nessas áreas, você pode ler meu livro <u>"InvestingGuide for Beginners"</u>. Clique no link para comprar. A propósito, está gostando do livro até agora? Se quiser deixar sua opinião na Amazon<u>clique neste link</u>. Após escolher a estratégia de negócios, guarde uma porcentagem do seu dinheiro para investir e comece trabalhando durante dias e horas pré-determinadas a cada semana. Comece com 5 minutos por dia, e aumente gradativamente para 10 minutos na próxima semana e, depois, 20 minutos. Continue aumentando o tempo e a intensidade até que trabalhe a maior parte do seu tempo livre centrado para construir um negócio significativo que crie algo valoroso para seus clientes. No início, precisará fazer sacrifício de tempo, dinheiro e outros, mas tenha em mente que será somente por alguns anos e após passar por isso você ganhará o suficiente para que possa largar seu emprego e fazer o que desejar. Tornar-se um empresário e investidor a longo prazo e poderá dedicar seu tempo valioso tomando decisões estratégicas para seus negócios e fazer o que gosta em seu tempo livre.

Recomendo implementar hábitos devagar, um a um. O que escrevi é apenas um exemplo do que eu fiz para obter controle sobre minha vida após lutar para permanecer constante por anos, combinado com outra técnica que compartilharei com você mais tarde. Você deve escolher áreas e hábitos de sua vida para aperfeiçoar por você mesmo, e chegar onde deseja. Mas pense por um momento e observe o local que está agora na vida. Visualize que irá dominar sua vida e seu tempo 24 /7 no decorrer de 6 meses ou até um ano ou dois. Pense, então, onde estará comparado a agora: Como sentirá em relação ao seu corpo? Como se sentirá emocionalmente? Quanto terá em sua conta bancária? Quanto terá desenvolvido em força emocional? Durante esse período, você dominará sua autodisciplina e poderá transportar esses princípios de trabalho para qualquer área de sua vida que queira melhorar. Você precisa responder esse tipo de questões por você mesmo e mentalizar diariamente suas respostas, para que tenha motivação inabalável e avidez de chegar lá. Encontre motivos porque isso é importante. Assegure-se que esteja conectado emocionalmente aos motivos e a sua visão.

## Capítulo 4: Técnicas de autocontrole em situações difíceis

A vida não é um mar de rosas. Há altos e baixos que precisa se ajustar. Sei que é desafiador gerenciar, mas não impossível. Em momentos difíceis, autocontrole, disciplina e atitude podem ampará-lo melhor do que um amigo querido. Autocontrole é indispensável para sua prosperidade.

Pessoas que possuem autocontrole excepcional aparentam ser bem reconhecidos e eficientes em diversas áreas de sua vida. Entretanto, aqueles que têm baixo autocontrole, correm o risco de sentir-se sobrecarregado, viciado em hábitos destrutivos e ineficientes.

Infelizmente, como aprendemos da pior maneira, temos baixa de autocontrole sempre. Parte da questão é que superestimamos nossa capacidade de vencer as tentações.

Autocontrole pode ser desenvolvido como um músculo, mas precisa dar a seu cérebro o esforço correto nas doses corretas, igual ao que você faz para ganhar músculos. Desta forma, existem técnicas para reforçar seu autocontrole baseadas em pesquisa psicológica. Então, seguem alguns métodos para conquistar o autocontrole.

**Assuma total responsabilidade por tudo**

A base da disciplina é entender que somos responsáveis por nossas ações e por tudo que nos acontece. Eu garanto a você que trabalhará melhor e com mais garra quando assumir que tem o controle sobre tudo. As coisas boas e más. Você precisa disso, pois ao culpar os outros ou agir como vítima você dá o controle. Se outra pessoa é o problema, então você não tem solução. Mas se você for o problema e o responsável, então você também é a solução e tem o poder de tornar as coisas melhores. Se acredita que a situação está além do seu controle, certamente estará. Pare de se colocar no lugar da vítima e assuma o controle de sua vida. Assuma a responsabilidade e aja.

**Faça exercícios curtos**

Encontra-se com tempo limitado para assumir um programa de exercícios completos? Em relação ao autocontrole, felizmente, períodos curtos de exercícios moderadamente intensos são eficazes também. O córtex pré-frontal é responsável pelo autocontrole. Foi pesquisado em detalhes pela Science Daily.

Períodos curtos de atividade resultam em um aumento do fluxo de oxigênio e sangue ao córtex pré-frontal, o que explica um aumento da capacidade de autocontrole. Não importa o quão frenético esteja, programe incluir pequenos aumentos súbitos de atividade em sua rotina diária.

**Trabalhe com o inconsciente**

Parte da razão pela qual somos conduzidos facilmente à tentação é devido ao nosso inconsciente estar sempre sugerindo que tomemos determinadas escolhas, pois somos programados de certa maneira.

Somos influenciados pelas tentações de nossa consciência. Ao nos tornar conscientes sobre nosso mundo interior e trabalhar proativamente para reprogramá-lo, podemos usar nosso inconsciente. Quando o desejo para nossos objetivos é ativado inconscientemente, nos voltamos para as ações que promovem o nosso crescimento.

O resultado pragmático é simples. Esforço para resistir às tentações que podem ser tanto físicas quanto mental, e esteja certo de manter-se próximo as coisas que promovem seus objetivos, como um cronograma por exemplo ou ler, visualizar e sentir seus objetivos e visões. Cada uma dessas ações estimulará inconscientemente o desejo que quer alcançar.

Fique ligado ao seu corpo e consciente de suas emoções. Aceite e ame a si mesmo como você está agora. A parte emocional de seu cérebro o abandonará se não permanecer atento, e a amígdala (a área de seu cérebro responsável pelo medo e a procrastinação) será reforçada se permitir se perder por qualquer razão. Por outro lado, você quer fortalecer o córtex pré-frontal, que é o responsável pela força de vontade e tomada de decisões.

**Medite**
Meditação treina seu cérebro de certa forma que o ajuda a tornar-se uma máquina de autocontrole (e reforça igualmente a sua inteligência emocional). De fato, até mesmo uma técnica básica como mindfulness, que envolve tirar cinco minutos por dia para se concentrar somente em sua respiração, suas emoções, sentimentos e seu corpo, reforça sua autoconsciência e a capacidade de seu cérebro de se opor a tentações destrutivas. Monges budistas treinam ficar quieto e em controle por um motivo. A meditação melhora cada área de sua vida e é considerada por muitos como o mais importante hábito para o desenvolvimento pessoal.

**Deixe-se ser atraído em vez de empurrado**
A fim de permanecer motivado e constante para trabalhar seus objetivos a

longo prazo, você necessita se apaixonar pelo processo. Tenho certeza que já ouviu isso milhares de vezes, mas é fundamental. De certa forma, precisa ter prazer com o que está fazendo. Não estou dizendo que você não deva batalhar como um louco em direção ao sucesso, mas precisa apreciar fazê-lo, e tornar-se viciado ainda mais no trabalho. Pode não ser divertido no começo. Quase como um círculo vicioso, quanto mais bem-sucedido e melhores os resultados que obtenha, mais divertido será. Em vez de perder tempo jogando vídeo game, jogue o jogo do sucesso.

**Programe as tarefas difíceis para a manhã.**

Pela manhã, suas reservas de força de vontade estão em alta. Aproveite-se disso e faça as tarefas mais importantes e difíceis pela manhã, e ao fazê-lo, se você se sentir bem, então, se sentirá melhor mais tarde. Seu cérebro está iniciando e ainda não está enfraquecido por tomadas de decisões. Você não usou ainda toda a força de vontade matinal. Cumpra as tarefas importantes do dia tão logo termine seu ritual matinal.

**Nunca deixe a "força de vontade" ser uma desculpa**

Quando você está fraco, pode sentir-se tentado a não trabalhar duro, deixar as tentações vencerem, parar e desistir. Nunca deixe isso acontecer. Não importa o quanto se sinta derrotado e esgotado, ainda existe força dentro de você. Procure essa força interior. Em sua vida você só não será capaz de superar as barreiras quando estiver morto. Torne ir sempre além de sua zona de conforto um hábito.

**Desenvolva um ritual matinal**

Começar o dia com um ritual empoderante é a chave que o energiza. Crie algum tipo de exercício de gratidão, movimentos físicos e autofortalecimento e frases empoderantes a cada manhã e começará o dia mais focado, energizado e mais feliz o que, por fim, o guiará ao sucesso. Você estará apto a fazer decisões melhores mais tarde durante o dia com uma linha mais compatível a seus valores morais onde tomará as decisões corretas sempre.

**Carregue-se de energia e força de vontade**

Encontre meios de estar energizado. Seja jogando um pouco, conversando com seu melhor amigo sobre suas paixões, assistindo vídeos motivacionais ou encarando seus medos, por exemplo fazendo uma abordagem fria, utilize estas atividades como ferramentas para tornar-se energizado, inspirado, as margens de um nível mais alto. Fazendo assim sempre, você sairá mais da caixa e viverá mais, explorará mais seu interior e o poder dentro de você.

**Livre-se de vampiros de energia e dispersões.**

Alguma vez encontrou alguém, que fosse tão negativo que só de estar perto dessa pessoa você se sentia sem energia e tão negativo quanto essa pessoa? Já percebeu que alguns hábitos como fumar, beber álcool ou cafeína demais, divertir-se no Netflix ou navegando no Youtube o faz mais cansado e passivo? Livre-se dessas coisas. Toda interação com seres humanos concede ou tira energia de você. Livre-se das pessoas que são vampiros de energia e permaneça perto de pessoas que reforçam suas emoções e energia. Além disso, assegure-se que você não seja um vampiro de energia e que partilhe energia em suas interações também. Quando se trata de hábitos destrutivos, livre-se deles sistematicamente um a um. Pergunte-se para que servem, e o que realmente assimila ao continuar fazendo isso, e o que lhe custará se não desistir desses hábitos.

**Jogue fora as bombas antes que explodam.**

Muitas vezes, nos encontramos em situações difíceis e ansiosos por enfrentar alguém ou algo, indiferente que seja um amigo, familiar, companhia e parceiro, seus medos ou grandes decisões. Talvez, tenha cometido um erro no trabalho que causou prejuízo ao seu empregador, ou tenha um segredo que não gostaria de contar para ninguém. Talvez tenha se magoado em um relacionamento anterior e não sinta vontade de falar mais com mulheres. Evidente, você pode querer ficar distante delas. Esta estratégia, irá mantê-lo livre de conflitos, ou o fará acreditar nisso. Mas inconscientemente, estará enraizado profundamente em você causando mais ansiedade e nervosismo. Um total destruidor de confiança. A solução é confrontar. Em vez de lidar com a situação passivamente, assuma o controle e inicie a converse e o faça com confiança e propósito. Faça o que é necessário e pense nas consequências se não o fizer. Enfrente a vida de forma positiva. Seja dominante e confiante de uma maneira onde você queira somente os melhores resultados possíveis. Perceber que você tem controle sobre o que diz, como você responde às pessoas e como responde ao que quer que aconteça.

**Perceba que autocontrole pode ser intensificado**

Autocontrole é uma habilidade, disciplina, o que significa que podemos aprender, e pode fica melhor ainda nisso. Seu autocontrole tem um certo limite, que com treinamento, você pode aumentar contínua e ilimitadamente. A chave e estar ciente destes limites, e se esforçar para ir além. Seus horizontes tornam-se maiores e você está apto a alcançar mais porque você é forte e possui autocontrole.

**Defina o que está tentando controlar**

Um objetivo indefinido e pouco claro como " nunca me atrasarei de novo" ou " Pare de arrumar distrações" certamente falharão. Em vez disso, estabeleça objetivos concretos, que devem ser tão específicos quanto possível. Eu, por exemplo, posso afirmar: " Trabalhe sem verificar as redes sociais por uma hora. " E o seu poderia ser: " Não belisque após o jantar hoje à noite", ou "Vou chegar 10 minutos antes para minha reunião".

**Troque o foco do controle.**

Não se pode controlar o mundo exterior. Você só pode controlar seu mundo, seus pensamentos, suas ações e reações, suas emoções. Reconhecer que há situações que não se pode mudar e controlar e, quais são elas, é uma das mais importantes compreensões que terá. O que você é capaz de mudar? Seja sensato e plausível na resposta. Uma pessoa sozinha não pode melhorar a Economia, mas talvez, você possa agir de modo a garantir que permaneça estável. Não se irrite sobre eventos dos quais não tenha controle, mesmo que influencie a sua vida ou daqueles próximos a você.

**Pense no conceito**

Parte da razão pela qual a autoafirmação funciona é que começamos a acreditar nela e agir de acordo após usá-la por algum tempo. Pensamento positivo, empoderante e único já provou que reforça o autocontrole.

As pessoas que usam o pensamento abstrato de forma consciente se afastam das tentações com mais facilidade e estão mais aptos a persistir em situações difíceis.

**Fique atento ao ego baixo**

Autocontrole é um recurso. Observe atentamente como as tarefas difíceis parecem no momento, e como você reage emocionalmente e como estão seus pensamentos e níveis de energia. Esses aspectos o ajudarão a determinar o quanto você tem no momento.

A qualquer tempo, temos uma reserva de autocontrole quando você vem mantendo com firmeza o controle, a reserva está baixa, e você pode, provavelmente, cair em tentação. Os cientistas chamam isso de "exaustão do ego"'

Fique atento quando seu nível de autocontrole está baixo, e assegure-se de encontrar um método que o deixe distante das tentações nestes momentos. Um passo importante para aumentar o autocontrole é reconhecer quando está mais fraco. Pode comer uma banana ou maçã para recuperar o autocontrole, mas não estará com a reserva cheia até que comece um novo dia, ou em algumas situações após algumas noites.

**Comprometa-se previamente**

Estabeleça uma decisão antes de que você esteja em situações tentadoras. O comprometimento prévio para objetivos difíceis pode aumentar um aumento de performance. Comprometa-se ao estabelecer prazos para desempenhar certas tarefas e avalie as consequências que irá enfrentar ao não alcança-los.

Leve dinheiro apenas para contingências o que evita os gastos, ou lanche em casa para fugir das tentações de desviar-se;

É difícil de se comprometer pois nós gostamos de deixar abertas as opções; se você é difícil de se perdoar, será mais avesso pensar duas vezes sobre isso.

Se você está super comprometido tipo: " farei 100 flexões todos os dias por um ano". Você estabelece uma meta fadada ao fracasso, e por não atingir o objetivo estabelecido perderá autoconfiança, pois saberá que não pode confiar em si mesmo quando diz que fará algo. Por isso assegure-se de estabelecer metas viáveis e que o motive. Você deve se ajustar para o sucesso desde o início.

**Use seu coração**

O coração sempre gerencia a cabeça, então use suas emoções para aumentar o autocontrole

Em um estudo, crianças recusaram-se a comer marshmallows por pensarem neles como "nuvens brancas" (Mischeland Baker, 1975). Esse é um dos métodos de evitar tentações, esfriando as emoções associadas a elas.

Você pode incrementar a elaboração de seus objetivos igualmente: pense sobre os aspectos emocionais positivos de atingi-los, como o orgulho e a sensação de sentir-se livre.

Sinta em seu corpo e em cada batida de seu coração. Foque em suas emoções, mas fique arraigado em seu corpo. Consciente de seus sentimentos.

**Mude suas expectativas**

Indiferente de como suas expectativas se encaixem, fique esperançoso sobre qual será o resultado. É essencialmente o mesmo que visualizar. Imagine ser super bem-sucedido no que planeja fazer. Isso até o ajudará, a ser bem-sucedido, a partir daí agirá desse modo.

A parte mais difícil é iniciar. Assim que estiver no meio de uma atividade, foque e aproveite seu tempo. Você já alcançou a metade do caminho quando começou.

Perceba que projetos levam mais tempo, esforço, ações e energia para se concretizar, então os alcançará. Fique consciente sobre estes fatos e enfrente com mais ações, alto nível de raciocínio e determinação e comprometimento.

**Use recompensas**

Recompensar-se por agir e obter resultados é um modo poderoso para aprimorar seu autocontrole. É mais fácil para nós humanos fazer sacrifícios a longo prazo quando temos uma recompensa pré-determinada em mente. Significa que estabelecendo um prêmio ou recompensa para você mesmo contribui muito para promover autocontrole.

É importante abster-se da necessidade de gratificação instantânea e focar em recompensas a longo prazo, como ter o corpo com que sonha, dirigir o carro que sempre desejou, ter uma vida mais longa, criar um legado e assim por diante.

**Mude a estima**

Da mesma forma, como você pode esforçar-se para pensar mais positivamente, também pode mudar o que você considera entre os seguintes: Objetivos e tentações. Desvalorizar as tentações e aumentar o valor dos objetivos em sua cabeça amplia a motivação e o desempenho.

Quando valorizamos mais nossos objetivos e os vemos como mais importante, automaticamente, nos organizamos em direção a eles. Do mesmo modo, desvalorizar as tentações ao realizar quão poucos, se houver algum, benefício se obtêm por eles, e nos motiva a mantermos uma distância estratégica maior automaticamente.

**Autoafirmação**

Exercitar autocontrole implica em evitar um padrão de comportamento negativo. Um dos métodos usados é usando autoafirmações. Implica em reafirmar seu foco positivo e as coisas que deseja. Pode ser sua família, criatividade, objetivos. Pensamentos de pessoas super bem-sucedidas, acreditar que será bem-sucedido ou algo assim, contanto que seja convicto.

Quando fizer isso, reforçará seu autocontrole. Esse é o porquê de ser extraordinário fazer disso parte do seu ritual matinal, então terá níveis maiores de autocontrole quando o dia começar.

Pensando em autoestima pode ajudar seu autocontrole quando está em baixa. Pense sobre o tipo de pessoa que deseja ser. Crie um Eu superior em você mesmo, mas que impulsione o desenvolvimento para o guiar no que precisa fazer. Pergunte-se o que seu Eu superior faria?

Você se sentirá mais motivado se refletir sobre os motivos pelos quais está fazendo algo, mais do que como está fazendo.

**Use a pressão dos pares /responsabilidades a seu favor**

Foi isso que me salvou de lutar mais ainda, combinado com a tomada gradual de controle sobre minha vida, a qual compartilhei o exemplo mais cedo com vocês.

Fale com seu parceiro, colegas e conhecidos o que intenciona finalizar ou compartilhe na linha do tempo de seu Facebook para todos verem. O que te dará incentivo adicional para executar; quando outros o consideram responsável o ajuda, pois você não deseja aparentar ser um idiota perante eles.

Se você ainda persiste, então recomendo não deixar seus objetivos públicos, em vez disso escolha um amigo a quem prestar conta. Pode pedir a um amigo ou encontre alguém online. Diga a eles seus objetivos para cada semana, se não os alcançar, você paga algo a eles. Ao fazê-lo, você sofrerá uma dor maior, e uma dor para agir, que é uma perda de dinheiro. Não quer perder dinheiro, por isso trabalhe para atingir seus objetivos. Mantenha suas razões para trabalhar com foco em seus propósitos, quando estiver se persuadindo em agir. Faça com que a possibilidade de perder dinheiro seja o pontapé de motivação que precisa se não fizer o que havia planejado, depois de estar tão fraco para agir.

Em vez de focar nos reais motivos, propósitos e visão, focar na possibilidade de perder dinheiro, você se tornará dependente, a longo prazo, de seu companheiro controlador, e não liberará sua força interior e motivação incansável, que é causada por seus desejos, motivos, propósitos, objetivos e visões. Esta é a razão essencial pela qual precisamos manter esses elementos na cabeça todo o tempo.

**Nunca se permita pensar em desistir.**

Não se permita nunca abandonar ou desistir de seus sonhos. Deve ser totalmente impossível para você desistir e você não deve sequer considerar isso. Não há outra possibilidade, você se tornará bem-sucedido.

Pense nos arrependimentos que sentirá se desistir, daqui a 40 anos você imaginará o que poderia ter acontecido, onde você estaria se tivesse tomado o controle da sua vida lá atrás. Nesse caso, encarar o arrependimento quando estiver velho e não aproveitou todo seu potencial para criar, dar, deve ser o que mais o assuste em sua vida.

Seu medo de fracassar não deve ser maior do que seu medo de nunca ter tentado.

**Você irá morrer.**

Pode ser amanhã ou daqui a 70 anos, você morrerá esteja consciente sobre isso. Não desperdice o tempo que ainda tem nesse mundo, viva plenamente, desfrute seu tempo aqui e desenvolva todo o seu potencial, crie algo valioso para deixar, algo pelo qual será lembrado, um legado. Seja um idealizador, e deixe seu nome ser lembrado muito tempo após sua morte. Cada segundo, hora, cada dia que você desperdiça, não pode reaver.

Essa é uma das razões pelas quais é importante ter propósito, a razão para permanecer vivo um longo tempo e estar em boa forma mental e fisicamente, para que possa desempenhar em altos níveis por muitas décadas a vir.

Para tornar-se consciente que seu tempo está ficando cada dia mais curto, você pode escrever cada dia, quantos dias aproximadamente terá de vida. Escolha uma certa idade, por exemplo, 83 anos, subtraia sua idade por isso e multiplique por 365. A cada dia a partir daí, terá um dia a menos.

Entenda profundamente dentro de você, que você não tem um tempo ilimitado. Que tudo que conhece e ama acabará um dia, e o melhor que pode fazer e viver com seu potencial máximo e deixar algo, para que o mundo seja um lugar melhor.

## Conclusão

Agradeço por ler este livro até o final.

Espero que tenha sido capaz de ajudar a aprimorar e manter sua jornada em direção aos seus propósitos e objetivos. Fiz o meu melhor para fornecer estratégias e orientações úteis de como gerenciar seus hábitos e visões de autodisciplina.

Acredito que pode crescer e tornar-se bem-sucedido.

Aconselho a pôr em prática somente uma pequena parte de seu pensamentos, estratégias e técnicas juntas, e integrá-los em sua vida um-a-um, de outro modo se sentirá sobrecarregado.

Obrigada e boa sorte!

www.ingramcontent.com/pod-product-compliance
Lightning Source LLC
Chambersburg PA
CBHW071857070526
44583CB00016B/1730